中小企業経営者のための

絶対にカネに困らない 資金調達 完全バイブル

資金繰りコンサルタント
川北英貴

すばる舎リンケージ

まえがき

経営者が、自分の会社の資金調達を行おうと考えたとします。

ほとんどの経営者は、

「日本政策金融公庫に話をしてみよう」

「インターネットで探して、出てきたノンバンクの○○社に申し込んでみよう」

というように、まずは融資をしてくれそうな金融機関を探し、そこへの融資を申し込むところからスタートします。このアプローチ方法を私は「ミクロ的アプローチ」と呼んでいます。

一方、私は資金調達をアドバイスするコンサルタントとして、経営者から資金調達の相談を受けた時、その会社の決算書、試算表、会社や経営者個人が借りている現在の借入金の資料を見たり、経営者から現在の会社の状況をヒアリングしたりした上で、次のようにアドバイスします。

「あなたの会社が検討できる資金調達手段は次のようなものがあります。

1. ○○銀行
2. 日本政策金融公庫
3. 売掛金を使ったノンバンクからの融資
4. すでに銀行に担保に入れている不動産の、余力を担保として使ったノンバンクの融資
5. 経営者個人で、○○銀行のカードローン

資金調達には、これら５つの手段があり、とるべき順番としては、まずは１・２を同時に申し込みます。
それで希望額の資金調達ができなかったら、３・４・５を同時に申し込んでください。
まず○○銀行への話の仕方は……」

というように、その会社でとることのできる資金調達手段を全て提示し、そして申し込む順番、それぞれの金融機関へのアプローチの仕方などを伝え、その通りに動いてもらいます。
これを、ミクロ的アプローチに対し、私は「マクロ的アプローチ」と呼んでいます。

ミクロ的アプローチの場合、その時点で申し込むべきではない金融機関へ、経営者は申し込んでしまいがちです。
また、申し込んだ金融機関で融資が出なかったら、「もう資金調達はできない」と経営者は悲嘆に暮れてしまうことになります。

私は資金調達をアドバイスするコンサルタントとして、これまでに、多くの銀行や政府系金融機関、信用保証協会、ノンバンクなどと接触してきました。
あらゆる金融機関の特徴をヒアリングし、ときには資金調達したい企業を金融機関に紹介する中で、それぞれの金融機関の融資商品の特徴や審査の傾向を把握しながら、情報収集に努めてきました。
私のパソコンの中には、多くの金融機関の融資商品の特徴や審査の傾向が、データベースとして記録されています。

また、資金調達をしたい企業は、すでに経営者自身でいくつかの資金調達の方法を試していることが多く、私はそれを経営者から逆に教えてもらい、それぞれの金融機関の貴重な情報を増やしています。

このように、私は資金調達をアドバイスするコンサルタントとして、多くの情報を保有し、それをこの本に書きました。

私は1997年に大学を卒業後、岐阜県の地方銀行に入行、そこで7年半の銀行員生活を経た後、2004年に資金繰り改善コンサルタントとして独立し、今まで活動しています。

資金繰りが厳しい多くの中小企業から、毎日のように相談を受けており、資金繰り改善の1つの方法として、資金調達は重要なテーマであると日々実感しています。

この本を読んでいただくことで、経営者のみなさんが資金調達の多くの方法を知り、その方法を実践して自社の資金調達、資金繰り改善のお役に立てていただけるものと思っております。

2016年11月

著者

中小企業経営者のための　絶対にカネに困らない
資金調達 完全バイブル

もくじ

Chapter3 資金調達の優先順位

Chapter4 金融機関の使い分け

Chapter5　銀行からの融資の基本

Chapter6 銀行の融資審査のポイント

Chapter 7 銀行の融資審査を通しやすくする方法

Chapter 8 信用保証協会保証付融資

Chapter9 政府系金融機関

Chapter10 ノンバンク

Chapter11 その他の資金調達

装幀——遠藤陽一（デザインワークショップジン）
本文図版——李佳珍

Chapter 1

資金調達の種類と資金の出し手

1-1 資金調達の種類

中小企業が資金調達する方法はいろいろあります。

その方法には何があるか、次の順番で見ていきましょう。

・資金調達の種類
・資金の出し手

さらに、資金調達の種類には、次の４つがあります。

・融資
・資産売却
・出資
・知人からの調達

◆ 融資

「融資」とは、資金を融通すること、つまり資金を貸すことを言います。

◆ 資産売却

「資産売却」とは、文字通り資産を売却することを言います。

「自分には売却する資産なんてないよ」

という経営者もいることでしょう。しかし意外なものが売却できたりするのです。詳しくは11章で後述します。

◆ 出資

「出資」とは、資金を企業に提供し、出資者が経営に参加することを言います。融資は資金を貸すことなので、必ず返さなければなりませんが、出資とは資金を企業に提供して出資者が経営に参加することであり、言わば「会社の一部を買う」ことです。

そのため出資は融資のように返済という行為は伴いません。

◆ 知人からの調達

また中小企業でよく見るのは、「知人からの調達」です。

融資、出資、少人数私募債の形があります。

知人からの調達は、この本では1つのテーマとして考えるようにします。

では次項で、それぞれの資金の出し手を見ていきましょう。

資金調達の方法

資金調達の種類	資金の出し手	詳細
融資	銀行（信用金庫・信用組合）	プロパー
		信用保証協会保証付
		ノンバンクよる保証付
	政府系金融機関	
	ノンバンク	無担保
		有担保
資産売却	ファクタリング	
	固定資産リースバック	
出資	ベンチャーキャピタル	
	事業会社・個人投資家	
知人からの調達	知人・親族	融資
		出資
		少人数私募債

1-2 資金の出し手

（1）融資の場合の資金の出し手

融資の資金の出し手には、次のものがあります。

・銀行・信用金庫・信用組合（以後、銀行と表現）
・政府系金融機関
・ノンバンク

◆銀行

銀行は、預金者から預金を集めて、企業や個人に融資を行い、融資を受けた企業等から利息を受け取って、収益を得ています。

◆政府系金融機関

政府系金融機関は、財政投融資や預金などで資金を集めて、企業や個人に融資を行います。銀行と同じで、利息を受けて収益を得ています。

一方でノンバンクは、銀行でない金融会社のことです。預金で資金を集める機能は持たず、銀行から自ら融資を受けて、それを元手に企業や個人などに融資する会社のことを言います。

消費者金融、事業者向け金融、カードローン、クレジットカードのキャッシングなど、銀行・政府系金融機関以外でお金を貸すところは全てノンバンクと考えてください。

銀行と政府系金融機関との違いは、民間企業か、政府が出資する会社か、ということです。企業への融資は通常、銀行主体で行われ、政府系金融機関はそれを補完する役割を持っています。

◆ノンバンク

ノンバンクは、銀行・政府系金融機関より、融資審査の柔軟性が高い、つまり審査がゆるいと言えます。ただ、そのぶん、融資をした資金が貸倒れとなるリスクは高く、貸倒れに備えるため金利は高く設定されます。

銀行・政府系金融機関の金利は、年利０％台～３％台までですが、一方でノンバンクは年利５～20％です。融資を受けるほうとしては、金利は低いに越したことはありません。そのため企業は、まずは銀行・政府系金融機関で融資を受けるのが普通です。

しかし審査が通らず、これらから融資を受けられない企業もあります。そのような企業は、ノンバンクでの融資を目指すのも、資金調達の１つです。

以前は、ノンバンクを企業は使うべきではない、と言われた時代がありました。法律による年利の上限が約30～40％であったため、利息も含めたらとても返せるものではなかったのです。また企業に関係のない保証人、いわゆる第三者保証人をノンバンクはとって、企業が返済できないことを前提として第三者保証人へ取立てすることが多く行われ、社会問題になりました。

その後、過払い利息の返還請求※により、多くのノンバンクが淘汰されました。またノンバンク業界でも法律の遵守が徹底されるようになり、行きすぎた取立てが少なくなりました。

品のよいノンバンクが残り、以前に比べたら金利も下がり、ノンバンクは使いやすいものになりました。

万が一、返済できなくなっても、きちんとノンバンクに相談すれば、違法な取立てをされず相談に乗ってくれます。

ただ、ノンバンクから融資を受けている企業は、その事実だけで銀行・政府系金融機関からの評価は下がることになり、それらからの融資が受けづらくなります。

バランスを考えながら、どこで融資を受けるかを考える必要があるでしょう。

※過払い利息の返還請求

「過払い利息の返還請求」とは、債務者側からノンバンクへの、グレーゾーン金利による過払い利息の返還請求のことです。

「グレーゾーン金利」とは、利息制限法の制限金利15～20％（融資額によって異なる）と出資法の制限金利29.2％（以前）の間の金利を言い、そのグレーゾーン金利分の利息を金融業者が過大にとった、利息の返還請求を言います。

◆ノンバンクと闇金の違い

なお、闇金（やみきん）とノンバンクを混同する人が多いですが、その違いを区別し、闇金は使わないように気をつけなければなりません。

ノンバンクは貸金業登録を国や都道府県に行っていて利息制限法など法律を守っています。対して、闇金は貸金業登録もなく、法律を守っていません。

ちなみに、融資を行う会社が、貸金業者登録があるかどうかは、金融庁の「登録貸金業者情報検索サービス」というホームページで検索できます。

法律を守りながら融資するのがノンバンクで、法律を無視して、トイチ（10日で1割の利息）などでお金を貸すのが闇金です。

融資を行うと謳っている会社の名刺やチラシに貸金業登録番号が書いてあっても、闇金が貸金業者を装っていることも多いので、正当な貸金業登録業者なのか、しっかり調べたいものです。

正当な貸金業者であれば、返済できなくなった時の取立ても法律を守った方法で行います。闇金の場合、違法な取立て方法を行ってくる（脅迫的な取立てなど）ことがありますので、闇金を見極め、手を出さないようにしたいものです。

利息制限法で定められた金利（融資額が10万円未満の場合は年20％、10万円以上100万円未満の場合は年18％、100万円以上の場合は年15％）を超える法外な利息を要求してくるのであれば、闇金となります。

なお貸金業登録をしたノンバンクの中にも、法律違反と知りながら法外な利息を要求してくる業者もありますので、そういうノンバンクにも注意したいものです。

なお、闇金に手を出してしまったのなら、弁護士に相談してください。

（2）資産売却の場合の資金の出し手

資産と聞いて、多くの人が思い浮かべるのが不動産でしょう。

「うちには不動産はないよ」

「資産は自宅があるが、自宅は手放したくないし、住宅ローンもついているし」

と思うかもしれません。

しかし資産は不動産だけではありません。株式や国債・社債などの有価証券、車・機械、また受取手形や売掛金も、資産の1つです。

資産とは、お金に換えられるものです。

手形や売掛金は、支払日になれば現金となります。これらを使った資金調達の手段もあります。

資金の出し手については、11章で詳しくお伝えします。

(3) 出資の場合の資金の出し手

出資とは、資金を出して経営に参加することを言います。

資金の出し手のねらいは、次のようなことです。

- 出資した会社が上場することで利益を得る
- 出資した会社の価値を高めて、高い株価で他者に売却することで利益を得る
- 出資した会社が毎期稼いだ利益から配当金をもらう
- 資金の出し手も事業を行っており、出資した会社の事業と相乗効果をねらう

ここが、利息で収益を得る融資とは違うところです。

出資の出し手は、ベンチャーキャピタルのように組織でやっているところや、事業会社、個人投資家があります。

(4) 知人から調達の場合の資金の出し手

知人や親族が資金の出し手の場合、前述のような、銀行・政府系金融機関やノンバンクからの融資、ベンチャーキャピタルや事業会社な

どからの出資に比べれば、資金の出し手が利益を得るためにお金を出すというよりは、資金の援助、救済的な意味合いが強くなります。

一般に、資金調達としてまず思い浮かべるのは銀行からの融資ですが、以上のように資金調達の種類や、資金の出し手は多くあります。

経営者は、銀行から融資が出ない時に、資金調達の手段がなくなってしまったと考え、どうしてよいかわからず途方に暮れてしまいがちですが、こう見ると、多くの資金調達方法があるのがわかります。

企業には多くの資金調達方法があるのです。

諦めずに、本書を読んで、資金調達に動いていきましょう。

Chapter 2

資金調達を行うタイミング

2-1 倒産する会社の資金繰り

「明日、給料日で200万円を用意しなければならないが資金調達したい」
「来週、買掛金支払いなどで300万円が足りないが資金調達したい」
……このような相談が毎日、中小企業の経営者から私のところへ来ます。

しかし資金調達は、数日や1週間程度でできるものではありません。銀行や政府系金融機関へ融資を申し込んでから融資実行までには3週間〜1ヵ月かかるのが普通です。それが新規取引であったらもっと長い期間を要します。ノンバンクでも10日はかかります。そもそも融資審査が通るかどうかもわかりません。

数日後や1週間以内に資金調達しなければならないのであったら、知人を頼るしかなく、資金調達ができなければ、支払先に謝って支払いを延ばしてもらうしかありません。

このような事態に陥る会社は、そもそも資金繰り管理ができていませんし、資金繰りの仕方が間違っています。

よく見られるのは、常に現金預金（以後、現金と表現）がギリギリの状態で、資金繰りを行っていることです。

そのような状態でも、「新規の借入れはできるだけ行いたくない」と言う経営者は多いものです。

会社は現金がなくなれば、資金繰りが回らなくなります。そして、各方面への支払いができなくなり、会社は継続できなくなるのです。

しかし、借入金はいくらあっても、現金に余裕があって資金繰りが回っていれば、会社は倒産しません。

そこを頭に入れることが、正しい資金繰りの第一歩です。

次のA社とB社、どちらが安全と言えるでしょうか。年商は2億4,000万円、12ヵ月で割って月商が2,000万円とします。

	現金	借入金	実質借入金 （借入金－現金）
A社	10万円	2,010万円	2,000万円
B社	3,010万円	5,010万円	2,000万円

A社の状態から、借入金を3,000万円増やしたらB社の状態になります。借入金から現金を差し引いた実質借入金は、どちらも同じです。

A社の経営者は、融資を受けることが嫌いです。無借金経営を夢見て、「借入金は増やしたくない」と少ない現金の中でギリギリの資金繰りを行っています。今後、入金より支払いが多い時期があれば、とたんに資金不足に陥り、危ない資金繰りです。

一方でB社は、借入金は多いものの、月商2,000万円の1.5倍以上の現金を保有しており、少しのことではびくともしない資金繰りを行っています。

どちらのほうが、資金繰りが回って安全な会社経営を行っているか、一目瞭然です。

しかし現実には、A社のような資金繰りを行っている会社が多いのです。

ここでA社が銀行に融資を申し込み、すぐに融資を受けられたらよいのですが、もし審査に落ちて融資を断られたら、いつ資金不足に陥ってもおかしくありません。

融資の返済を行うのはそれほどエネルギーがいりません。

しかし新たに融資を受けるにはエネルギーがいります。エネルギーとは、時間と労力のことです。資金調達は、行える時に行っておくべきであり、数日後に資金が足りない状態になってはじめて資金調達に動くのは、そもそも資金繰りの仕方が間違っています。考え方を見直したほうが賢明です。

借入金が多くても会社は倒産しませんが、現金が足りなくなれば会社は継続できずに倒産します。安全な資金繰りを行わなければなりません。資金調達について日ごろから考えて動くことは大事です。

2-2 資金繰り管理の方法

企業が資金繰りをうまく回していくために、作ったほうがよいものは「資金繰り表」です。これには、「月次資金繰り表」と、「日次資金繰り表」があります。

資金繰り表により、将来の資金繰りを予測します。将来、資金不足になる時があれば、早い時期に資金調達して資金繰りを安定させていくようにします。

月次資金繰り表（別表1）では、向こう６ヵ月～１年の資金繰り予定を書いていきます。資金繰り表の一番下には「月末現金残高」欄がありますが、それは各月末日の予想される現金残高です。将来、マイナスとなる月があれば資金不足が予想されるため、早めに資金調達を行って資金繰りを回すようにします。

なお月次資金繰り表は、将来、毎月末日の現金残高を予想するものですが、一方で、月中に資金不足に陥ることも予想されます。１日１日の資金繰りも予想したいという場合、月次資金繰り表に加えて、日次資金繰り表（別表2）を作ります。これで、向こう２～３ヵ月の資金繰りを予想していきます。

資金繰り表を作ると、将来の現金残高の推移を予想できます。

現金は、入金が多い時期には多くなり、支払いが多い時期には少なくなります。現金残高が最も落ち込む月、もしくは最も落ち込む日でも、月商に比べてせめて１ヵ月分は、現金を保有する資金繰りを行いたいものです。

なお、理想は、月商３ヵ月分の現金を常に保有する資金繰りです。

2-3 銀行に今後の借入計画を伝えておく

資金調達は、融資の方法をとる場合、銀行からの調達を第一に考えます。その際、銀行に対し、資金調達計画を定期的に出していくとよいでしょう。

資金調達計画は月次資金繰り表を使って表現します。資金繰り表に銀行からの資金調達計画を盛り込み（別表3）、またその資金繰り表は、定期的（3ヵ月に1回程度）に銀行に提出します。その中で、銀行から、いつの時期に、いくらの融資を受けたい、という資金調達計画も盛り込んでおきます。その資金繰り表を見せながら、銀行に、

「○○銀行さんから、○月に3,000万円の融資を受けたいが、検討してほしい」

と伝えます。こうすると、銀行としては、早い段階で融資の検討を行うことができます。また融資が困難である会社に対しては、銀行は、あらかじめ融資が難しいと断っておくことができます。

別表3の資金繰り表では、2016年12月時点で作った資金繰り表として、2017年3月に1,000万円、同年6月に1,000万円の融資を受けたいと、「借入実行」欄で表しています。

このように将来の借入れの予定を表し、早い時期に、融資を受けたい銀行に、融資を受けたいことを伝えておきます。

月次資金繰り表では現金残高の推移が予想されますが、常に現金が、月商に比べてせめて１ヵ月分、理想は３ヵ月分、保有できるような資金繰りを考えて、早めに銀行に融資の相談をしてください。

資金繰り表上の「経常収支」欄では、事業を行って稼ぐ利益で得られる現金、「財務収支」欄では借入実行と借入返済で増減する現金がわかります。

経常収支、つまり事業を行って稼ぐ現金で借入金を返済していけることが理想ですが、銀行から融資を受けている会社の多くは、経常収支内で毎月の借入返済を行っていくことができず、借入返済が進んでいくにつれて現金残高が減少していく現象が起きています。

そのため、将来の資金繰り予定を組んで、定期的に融資を受けていくことが大事なのです。

2-4 資金調達した資金は本業のために使う

資金調達を行うには、エネルギーがいります。時間と労力がかかりますし、資金の出し手に依頼したからといって、必ず資金調達できるわけでもありません。

そのため、資金調達できた資金は大事に使っていきたいものです。大事に使うということはすなわち、自分の会社の本業を回すための「運転資金・設備資金に使う」ということです。

資金調達を希望する経営者の多くは、本業の運転資金・設備資金を確保することを目的とします。

一方で新事業の投資資金を確保するべく資金調達したいという経営者もいることでしょう。その場合、次のようなことが考えられます。

・本業で利益を得て内部留保した資金を新事業の投資に充てる
・経営者が役員報酬等で今まで預貯金してきた中から投資資金を出す
・「新事業投資のための融資を受けたい」と銀行や政府系金融機関に相談して融資を受ける

上記の方法なら問題ありませんが、「本業の運転資金・設備資金が資金の使い道である」と伝えて、銀行や政府系金融機関から融資を受けたにもかかわらず、それで得た資金を新事業の投資に充てるべきではありません。

この場合、本来なら本業の運転資金や設備資金で使うための資金を新事業に回してしまうため、今後の、本業のほうの資金調達に支障が出る可能性が高くなります。本業の運転資金や設備資金で将来、調達できる金額が少なくなり、本業のほうに影響が出てしまうのです。

新事業で利益が多く出るようになって本業に還元できるのであればよいですが、そうでないと本業へも支障が出てしまいかねないため、注意が必要です。

また、本業の運転資金・設備資金を目的として調達した資金が、実際は次の表にあげたようなことに使われてしまうケースをよく目にします。そうならないよう注意しなければなりません。

調達した資金が別の目的に使われるケースと注意点

	実際の使い道	注意点
①	関係会社への貸付けに充てる、出資に充てる	本体の会社ではなく、関係会社で融資を受けるべき
②	経営者個人の生活費や遊興費で使う	借りたいなら、経営者個人でローンを組むべき
③	知人に頼まれて貸してしまう	自分の会社も資金に余裕がないのに知人に貸すべきではない
④	詐欺に遭う	詐欺に遭わないよう気をつける
⑤	社員に横領される	経営者が常にチェックして気をつける
⑥	知人からの借入れを返済する	知人からの借入れは、事業の利益で得た現金から返すべきものであり、銀行から調達した資金をそのまま知人への返済に充ててしまえば本業を行っていくための運転資金は残らず資金繰りは厳しいまま
⑦	別の融資を返済する（別の融資を返済する条件をつけられて融資が実行された場合を除く）	⑥と考え方は同じ。現金はできるだけ多く保有して資金繰りを回すべき

以上のように、本業を回していくための運転資金・設備資金として資金調達した資金を、別の使い方をしてしまう経営者は多くいます。

そうなると、本業のための資金がなくなってしまい、資金繰りは厳しいままです。また現金がなくなってしまったからと次の資金調達が簡単にできるわけではありません。

やがて本業を回していくことに支障が出て、会社の継続が困難になってしまいかねません。

この本では、多くの資金調達の方法が書いてありますが、一方で調達できた資金の使い方に気をつけることが、企業の経営にとってはとても大事なことであることを認識してください。

Chapter 3

資金調達の優先順位

3-1 資金調達の方法で考える順番

下の表が、資金調達でとるべき優先順位です。

まず、融資・資産売却・知人から調達の方法（以後、「融資等」と表現）をとるか、出資の方法をとるか、いずれかを選択します。

融資等と出資は、それぞれのメリット・デメリットがありますので、

資金調達の優先順位

資金調達の種類		資金の出し手	詳細	優先順位
融資等	融資	銀行（信用金庫・信用組合）	プロパー	1
			信用保証協会保証付	2
			ノンバンクよる保証付	3
		政府系金融機関		2
		ノンバンク	無担保	4
			有担保	
	資産売却	ファクタリング		4
		固定資産リースバック		
	知人からの調達	知人・親族	融資	5
			出資	
			少人数私募債	
出資		ベンチャーキャピタル		
		事業会社・個人投資家		

表を別にし、融資等の中ではとるべき優先順位を１番から順に書きました。

まずは融資等と出資、どちらを選択するかをそれぞれのメリット・デメリットを踏まえた上で考えます。メリット・デメリットは後述します。

そして出資ではなく融資等の方法を選択した場合に、次の順に優先順位を考えていきます。

融資等の方法を選択した場合の優先順位

① 銀行でのプロパー融資：（信用保証協会やノンバンクの保証がついていない融資）

↓ （①ができない、もしくは調達金額が不足する場合）

② 銀行での信用保証協会保証付融資、もしくは政府系金融機関での融資

↓ （②ができない、もしくは調達金額が不足する場合）

③ 銀行でのノンバンク保証付融資

↓ （③ができない、もしくは調達金額が不足する場合）

④ ノンバンクからの融資、もしくは資産売却
：（ファクタリング・固定資産リースバック等）

↓ （④ができない、もしくは調達金額が不足する場合）

⑤ 知人からの資金調達

この優先順位の理由とその詳細は次章で説明しますが、簡単に述べておくと、次ページの通りです。

◆ 銀行・政府系金融機関と、ノンバンク

ノンバンクは、銀行・政府系金融機関と比べると、金利が高く、融資を受けられる総額が低くなります。また、ノンバンクから借りることによって企業の信用が落ちるので、銀行を優先します。

◆ 知人からの調達

資金調達には、知人からの調達もありますが、知人が「あなたの会社の事業に投資したい」というような積極的な理由を持たないのであれば、知人から資金を調達するのは、最終手段と考えてください。

あなたの会社の資金繰りを支援するため、つまり救済のためとなるからです。

銀行やノンバンクは、事業として融資業務を行っているため、ある程度の貸倒れは見込んでいますが、知人の場合は自身の貯金を貸してくれるため、もし返せなくなったらその知人は大きな痛手を被ることになり、多大な迷惑をかけてしまうことになります。

◆ 資産売却

資産売却（ファクタリング・固定資産リースバック等）は、持っている資産を、資金調達と引き換えに、外に流出させるものです。

ムダに保有している資産を売却するならまだしも、そうでなければ、資産売却は通常は資金調達の方法の１つとして考えるものとは言えず、銀行や政府系金融機関から融資が受けられない時にやむをえずとる手段として考えます。

◆ プロパー融資

銀行において、プロパー融資と、信用保証協会保証付融資・ノンバンク保証付融資では、審査はプロパー融資のほうが厳しいです。

業績や財務内容が悪化するなどで審査を通すことが難しくなり、プロパー融資が受けられなくなった時に信用保証協会保証付融資・ノンバンク保証付融資を考えたいです。

プロパー融資には金額の上限がありませんが、信用保証協会保証付融資・ノンバンク保証付融資には金額の上限、つまり借入れの枠があり、それを将来に備えて空けておきたいものです。

◆ 政府系金融機関

政府系金融機関は、民間金融機関である銀行を補完する位置づけです。また融資審査は政府系金融機関に比べて銀行のプロパー融資のほうが厳しく、銀行のプロパー融資が可能ならそれで融資を受けるようにします。

銀行のプロパー融資が受けられない時に、信用保証協会保証付融資や政府系金融機関での融資を考えます。政府系金融機関にも、融資金額の上限があります。

◆ 銀行のノンバンク保証付融資

銀行のノンバンク保証付融資は、銀行の融資にノンバンクが保証会社としてついてくれるものを言います。

最近はこの形の融資も増えてきましたが、銀行からの融資は、依然、プロパー融資と信用保証協会保証付融資が主流です。

信用保証協会保証付融資で借りられるならノンバンク保証付融資を使う必要はありません。

ただ、信用保証協会保証付融資には金額の上限があり、その借入枠を補完するものとしてノンバンク保証付融資を考えたいです。

またノンバンク保証付融資は、そのノンバンクが、融資を受けようとする会社の代表者の個人信用情報を見るため、信用情報に傷がある代表者の場合、ノンバンクの保証審査が通らず融資が受けられず、融資を申し込んだ銀行に、ノンバンクの保証審査が通らなかった理由を探られるのも嫌なところです。

ちなみに銀行のプロパー融資や信用保証協会保証付融資では、代表者の個人信用情報を見られることは少ないです。

少ないだけで、全く見られないわけでもありません。

3-2 融資での資金調達のメリット・デメリット

前項では融資等と出資は別に考え、出資の方法をとらずに融資等の方法をとる場合、優先順位としてどのように考えていくべきかを述べました。ここと次項では、融資と出資では、どちらを選択すべきなのか、それぞれのメリット・デメリットを述べます。

融資を行う資金の出し手として代表的なのは銀行ですので、銀行からの融資を考えてみます。

（1）融資のメリット

融資での資金調達には次の３つのメリットがあります。

i 融資をしても資金の出し手が株主になるわけではないので、経営権を握られない

ii 財務内容や業績に問題なければ銀行からの融資は難なく受けられる

iii 銀行との関係を築き、またよい経営実績を作ることができれば、多くの融資を受けられるようになる

i 融資をしても資金の出し手が株主になるわけではないので、経営権を握られない

融資と出資を比べた場合、一番の違いは、経営権が関わってくるかどうか、です。

出資とは、出資者に株主となってもらうことです。多くの金額を出

資してもらうことにより多くの株式を出資者に保有されると、経営権を握られてしまうことになりかねません。

50％を超える株式を保有されれば、その出資者が経営権を握ることになります。

また50％を超えなくても多くの株式を保有されることになれば、経営にいろいろ口出しされやすくなり、経営者が自由に経営しづらくなります。言わば、自分の会社ではなくなってくる、ということです。

その点、融資は、融資を実行した銀行が株主となるわけではないので、経営権を握られることも、経営に口出しをされることも少ないです。

ただ、その会社への融資総額が大きい銀行や、返済が厳しくなりリスケジュール（返済金額の減額・猶予）を行ってくれている銀行からは、株主としてではなく債権者として経営に口出しされることがあります。

ii 財務内容や業績に問題なければ、銀行からの融資は難なく受けられる

中小企業にとっては出資による資金調達よりも、融資による資金調達のほうがずっと一般的です。

融資には審査がありますが、銀行は１社でも多くの会社に融資をしたいと思っています。決算書や試算表からわかる財務内容に問題がなければ、融資を受けられる可能性は高いのです。

融資を行った銀行は、その後の返済により資金を回収し、利息をとることによって収益を得ます。

そのため融資審査で一番見られるのは企業の返済能力です。財務内容や業績に問題がなければ返済能力はあると見られ、融資は受けられます。

一方で出資は、出資者は出資後の株式上場もしくは株式の高い金額での売却により出資金を回収もしくは収益を得ます。そのため出資者は、上場の見込みがある会社なのか、もしくは他者へ高い金額で株式を売却できる将来が見える会社なのか、を見てきます。

また株式上場や株式の他者への売却は、中小企業では一般的に行われているとは言えません。そのため出資者は、出資するかどうかをじっくり検討することになります。

例えばベンチャーキャピタルは、100社から話が来たらそのうち1～3社しか出資しないと言います。

iii 銀行との関係を築き、またよい経営実績を作ることができれば多くの融資を受けられるようになる

銀行が融資を行って、返済を行っていければ銀行から見たその企業への信用は高まります。そうすると銀行は、信用できる企業としてより多くの融資を行おうとします。

また1つの銀行が融資を行っているのであれば、他の銀行も安心してその企業に融資を行おうとします。

このように銀行への返済実績をつけていけば、融資の総額を増やしていくことができます。銀行から融資を受けやすい会社になっていくのです。

銀行が企業にどれだけの融資を行うかは企業の売上高が大きな要素となりますので、企業が成長して売上高が大きくなればなるほど、銀行は多くの融資を行いやすくなります。

このように、継続的に大きな金額の調達を行いやすいのが、融資なのです。

（2）融資のデメリット

融資での資金調達には次の４つのデメリットがあります。

ⅰ 返済する義務がある
ⅱ 会社の将来性よりも、過去の経営実績が重要となる
ⅲ 代表者の過去によっては融資を受けることが困難となる
ⅳ 代表者は連帯保証人となり、返済できなければ個人で返済しなければならない

ⅰ 返済する義務がある

出資に比べた融資のデメリットの第一は、返済が伴うことです。

出資の場合、返済を行うことは基本ないのですが、融資は返済が前提です。返済方法にはいろいろありますが、毎月一定額ずつ返済したり、数ヵ月後一括で返済したりすることが一般的です。

返済が進んでいけば、新たに融資を受けることが可能となります。銀行は企業に融資を行うことによる利息収入を収益源としていますので、融資し続けなければ、利息収入が途絶えてしまいます。

では、なぜ返済を要求するのか。返済を企業に行わせることによりその企業が誠実に返済しようとする企業か、また返済能力のある企業かを銀行は見ることができます。返済が進んでいく中で企業から新たな融資の申込みがあっても、その時に企業の業績が悪化していれば銀行は融資をしないこともでき、銀行は貸倒れのリスクを小さくすることができます。そのため、融資には必ず返済が伴います。

ⅱ 会社の将来性よりも、過去の経営実績が重要となる

銀行が融資を行うかどうかの審査は、企業の返済能力を第一に見られることが、デメリットとなります。

返済能力は第一に、その会社の過去の経営実績により判断されます。それが一番わかる資料は決算書や試算表です。

過去の決算書の内容が悪ければ、その企業は返済能力がない企業として融資を受けることは困難となる可能性が高くなります。

決算書の内容が問題ない企業であれば、融資のデメリットにはならないのですが、決算書の内容が悪い企業であれば大きなデメリットとなります。

決算書の内容の悪さを融資審査において挽回するために、将来の経営計画を作って銀行に提出することにより将来は業績がよくなる、会社が成長する、といったことを示すことができますが、その計画内容の実現性をどう評価するかは銀行しだいです。

一方で出資は、過去の経営実績よりも企業の将来性を、出資者は出資を決める時に評価します。株式上場や、高い金額での株式売却ができるほど会社の将来性があるかどうかが出資を決めるかどうかのポイントとなり、過去の経営実績は参考資料の1つにしかなりません。

iii 代表者の過去によっては融資を受けることが困難となる

代表者の中には、過去に別の会社の経営を行って失敗し、銀行に貸倒れを出してしまった人もいます。

そのような人が再起を図ろうと新たに会社を立ち上げても、銀行は過去の貸倒れを大目には見てくれません。

信用保証協会保証付融資で過去に貸倒れを出した経営者は、その融資が完済していないかぎり、新たな会社では信用保証協会保証付の融資を受けることはほぼできません。

政府系金融機関でも同様です。そのため、新たに会社を作って再起を図ろうという経営者は、自身は「裏の経営者」となり代表者や役員にはならないで、配偶者や子ども、知人を「表の代表者」にしている人も多いものです。

そうしなければ融資の道はなくなるからです。

ただ、銀行や信用保証協会、政府系金融機関の調査能力は高いので、そのようなテクニックが通用しないことも多いです。裏の経営者がいて、その人が過去に融資の貸倒れを出したことがわかってしまえば、その会社は融資を受けることは困難となります。

ⅳ 代表者は連帯保証人となり、返済できなければ個人で返済しなければならない

融資を受ける会社の代表者は原則、連帯保証人にならなければなりません。連帯保証人になるということは、もし会社が融資の返済をできなくなった場合に、銀行は代表者個人に代わりに返済してもらう、ということです。

返済ができなければ会社とともに代表者個人も自己破産して借入金を0にすることはできますが、当然、財産は残せません。保有している自宅は持ち続けることはできません。

破産は借入金が0になるメリットはありますが、一方で財産を手放さなければならないものです。

その点、出資は、代表者が連帯保証人になるわけではありません。会社が倒産しても、代表者個人で出資者に対し出資した資金を返す必要はありません。しかし、ベンチャーキャピタルなどは、出資を受ける会社の代表者に、事業がうまくいかずに株式上場や売却ができなくなった場合、出資額で株式を買い取る連帯保証人的な買取請求権を投資契約書に入れてくることもあります。

3-3 出資での資金調達のメリット・デメリット

（1）出資のメリット

出資での資金調達のメリットには次の3つがあります。

ⅰ 返済する義務がない
ⅱ 過去の経営実績よりも会社の将来性を出資者は見てくれる
ⅲ 代表者個人が出資金の連帯保証人になることはない

ⅰ 返済する義務がない

融資に比べて出資の一番のメリットは、返済する義務がない、ということです。

融資には返済の義務があるため、返済時期にはその資金を用意しなければなりません。出資は返済する義務がないため、返済の資金を用意する必要はなく、資金繰りが安定します。

ⅱ 過去の経営実績よりも会社の将来性を出資者は見てくれる

融資で受けた資金は必ず返済しなければならないことから、会社の事業において、確実に売上となる事業や、安定して売上が入る事業を経営者は優先することになります。

出資は返済しなくてもよいため、うまくいったら規模が大きくなるような事業にその資金を使うことができます。

出資者のほうも、株式上場や高い株価での他者への売却には、会社が大きく成長することが重要であることをわかっているため、事業を当てて会社を大きく成長してほしい、と思っているものです。

以上のことから、今までは赤字続きであるが大きく成長する期待が持てる事業のネタを持っている、もしくは事業拡大に動き出している企業は、銀行から融資を受けることは不向きで、出資の方法を探るほうが合っています。

そもそも、そのような企業に銀行は融資をしたがらないため、現実的に出資者を募らなければならないようになってしまうものです。

ⅲ 代表者個人が出資金の連帯保証人になることはない

代表者個人が出資金の連帯保証人になるわけではないため、代表者個人のリスクは融資に比べて小さくなります。そのため、代表者は会社を大きくするために事業に打ち込みやすくなります。

しかし、ベンチャーキャピタルなどは、出資を受ける会社の代表者に、事業がうまくいかずに株式上場や売却ができなくなった場合、出資額で株式を買い取る連帯保証人的な買取請求権を投資契約書に入れてくることもあります。

（2）出資のデメリット

出資のデメリットは次の２点です。

ⅰ 出資したら株主になるため経営権を握られるか、握られなくても経営に口出しされる
ⅱ 出資者を探すのがなかなか難しい

i 出資したら株主になるため経営権を握られるか、握られなくても経営に口出しされる

融資と比べた時の出資の一番のデメリットは、経営権の面です。

出資は、出資者に株主になってもらうことです。出資によりその出資者の持ち分が50%を超えたら、その出資者に経営権を握られます。

50%を超えなくても、株主となることは経営に口出しをされる、ということです。経営者としては自分の会社ではないように感じられ、自分のやりたいように経営できなくなるかもしれません。

さらに、経営者は自分の株式の持ち分が少なくなってしまうため、将来、会社が成長して上場した場合、それだけ自分に入る利益が少なくなります。

「自分の思うように経営したい」「自分が創業した会社は自分の会社のままであってほしい」と考える経営者であれば、出資は考えないほうがよいでしょう。

創業時や創業して数年経った時、資金が足りないからと安易に出資を募って出資を受け、その後、経営に口出しされることになり経営者が思うように経営できなくなってしまうケースをよく見ます。

そこで株式を買い戻そうとしても、出資者から売らないと言われたり、高い金額を要求されたりしては目も当てられません。融資を受けたらそれを返済すれば済むのですが、出資の場合はいったん出資して保有した株式を手放すのはその出資者しだいなので、経営者の自由にはできません。

一方で、「創業者利益が少なくなってもよいから自分の事業を大きく成長させたい」「出資者にはむしろ自分の経営についていろいろア

ドバイスして口出ししてほしい」と経営者が考える場合は出資による資金調達は問題ありません。

ii 出資者を探すのがなかなか難しい

融資に比べて、出資者を見つけるのはなかなか難しいです。

出資者の代表格と言えばベンチャーキャピタルですが、ベンチャーキャピタルの人と知り合うことがそもそも難しかったりします。

すでにベンチャーキャピタルと付き合っている知人の経営者からベンチャーキャピタルを紹介してもらうとか、マスコミに自社の記事を書いてもらってそれを見たベンチャーキャピタルから声をかけてもらうなど、時間と労力がかかります。

こちらからベンチャーキャピタルに直接連絡しても足もとを見られて相手にされないことが多いでしょう。

ベンチャーキャピタルのホームページを見るとわかりますが、直接の連絡を避けるため電話番号を書いておらず、問い合わせフォームを１個置いているだけのベンチャーキャピタルも多いものです。

さらに言うと、ベンチャーキャピタルは、出資をしてくれと依頼してくる企業の100社に１～３社しか、実際に出資をしません。

このようなことから、ベンチャーキャピタルを諦め、豊富に資金を持っている会社や知人に、自社への出資を頼む経営者は多いのが実情です。

ただ、株式上場や高い金額での株式売却ができなければ出資金は回収できないため、出資者候補も実際に出資することには慎重になるものです。

◆ 融資か出資か？

資金調達を考えた場合、融資か出資か、以上のメリット・デメリットを踏まえて考えてください。

それらの特徴をそれぞれ比較した表も次のページにまとめました。

中小企業の資金調達は銀行からの融資が一般的ですが、銀行から融資がなかなか受けられなかったり、事業が成長して利益化するまでは赤字続きのような会社であったりすれば、融資よりも出資を考えたほうがよいかもしれません。

ただ、出資の大きなデメリットである経営権の問題はしっかり考えたほうがよいです。

◆ 融資と出資の比較

	融資	出資
返済の義務	あり	なし
経営権・経営への口出し	基本なし。自分の会社への融資総額が大きい銀行や、リスケジュール（返済金額の減額・猶予）中であれば債権者として銀行から経営に口出しされることも	持株比率が 50%を超えれば経営権を握られる。超えなくても株主として経営に口出しされる
資金調達実現への期待	財務内容や業績に問題がなければ多くの場合、融資を受けられる	出資者を探すのが難しい
調達金額を増やすことへの期待	銀行で返済実績を作れれば、融資金額を増やしていくことは可能	出資金額を増やすには既存の出資者に増資をしてもらうか新たな出資者を探さなければならない
資金を出すかどうか審査のポイント	返済能力を見られる。それは過去の経営実績、特に決算書や試算表で判断される。経営計画も見られるがその実現可能性は慎重に判断される	会社の将来性。売上・利益が将来大きく膨らむことが期待できる事業を営んでいるか、そのための体制ができているか、経営者の能力があるか
代表者の過去の影響	過去に経営していた会社が銀行に貸倒れを出していれば、新たな会社での融資に大きな制約になる	出資を決める参考の1つとして見られることはあるかもしれないが過去の経営の失敗自体が制約となるわけではない
経営者が連帯保証人になるか	原則、連帯保証人になる	連帯保証人にならないが一部例外あり

Chapter 4

金融機関の使い分け

4-1 金融機関の分け方

「金融機関」とは、金融に関する業務を営む組織のことを言います。狭義には預金を取り扱う金融機関のみを指しますが、広義には保険会社や証券会社、ノンバンク等も含みます。

下の図では狭義の意味での金融機関を分類しました。

中小企業が資金調達を行う場合、一番多い方法は、民間金融機関もしくは政府系金融機関から融資を受けることです。

その中で多いのは、民間金融機関からの融資です。

金融機関の分類

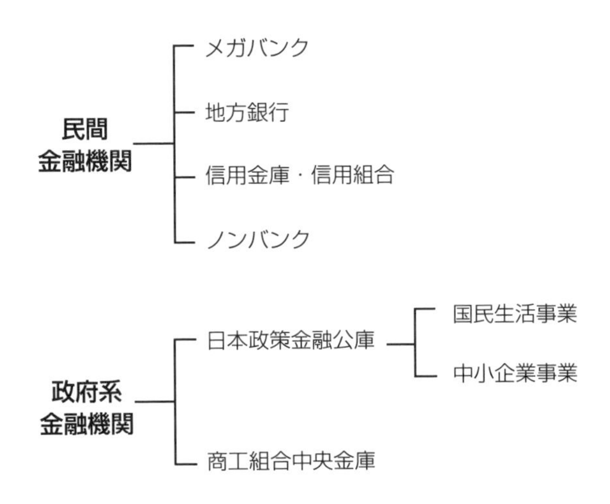

4-2 安易にノンバンクから資金調達しない

経営者の中には、民間金融機関や政府系金融機関へ融資を受けるのは、提出しなければならない書類が多い、金融機関職員との面接が面倒、審査期間が長いからと、民間金融機関や政府系金融機関には融資を申し込まずにノンバンクへ安易に融資を申し込む方がいます。

しかしそれは、資金調達の方法として間違いです。

民間金融機関・政府系金融機関と、ノンバンクは、それぞれ融資を行ってくれますが、下の表で比較してみます。

民間・政府系機関とノンバンクの比較

	民間・政府系金融機関	ノンバンク
審査	ノンバンクの審査より厳しい	民間・政府系金融機関の審査よりゆるい
融資を申し込んでから融資が実行されるまでの期間	長い（3 週間～ 2 ヵ月）	短い（1 週間～ 1 ヵ月）
審査にあたって要求される書類	ノンバンクより多い	民間・政府系金融機関より少ない
融資総額を一企業でどこまで伸ばせるか(無担保の場合)	数千万円～数億円	数百万円
金利(無担保の場合)	低い（年利 0%台～ 3%台）	高い（年利 15 ～ 20%）
そこから融資を受けるとどう見られるか	特に問題なし	民間・政府系金融機関からは厳しく見られる

◆ 民間・政府系金融機関とノンバンクのメリット

民間・政府系金融機関に比べて、ノンバンクのメリットは、

・審査がゆるい
・申し込んでから融資実行までの期間が短い
・審査にあたっての提出書類が少ない

です。逆に、民間・政府系金融機関のメリットは次の点です。

・融資総額を多く伸ばせる
・金利が低い

◆ 融資総額

不動産など担保とするものがなく、無担保での融資を考えると、ノンバンクでは全てのノンバンクを合わせて数百万円程度までしか、一企業は融資総額を伸ばせません。民間・政府系金融機関は、その企業の規模にもよりますが、数千万円〜数億円まで伸ばせます。

例えば、年商1億円の会社で、担保となるものが何もない会社の場合、融資総額は審査しだいで、全ての民間・政府系金融機関を合わせて、運転資金として2,500〜3,000万円あたりまで伸ばせます。

一方でノンバンクは、全てのノンバンクを合わせてもせいぜい300万円、経営者個人での消費者金融やカードローンも含めたら500〜600万円あたりまでしか伸ばせないでしょう。

つまり、ノンバンクで融資を受けることが手軽だからと安易にノンバンクを使うと、融資を数百万円受けたところで、その会社はそれ以上、融資総額を増やす手立てがなくなる、ということになります。

◆ 金利

ノンバンクは、民間・政府系金融機関に比べて金利がずっと高いで

す。利息制限法では、金利の上限は、融資額が10万円未満の場合は年20％、10万円以上100万円未満の場合は年18％、100万円以上の場合は年15％です。無担保融資ではノンバンクからの融資はその上限金利もしくはそれに近い金利であることが普通です。

一方で民間・政府系金融機関は、年利０％台〜３％台と、ノンバンクに比べてずっと低いです。

◆ ノンバンクを使うデメリット

ノンバンクから借りている会社は、民間・政府系金融機関からは厳しく見られることにも注目してください。つまりノンバンクから借りていて、その事実が民間・政府系金融機関にわかってしまえば、後に民間・政府系金融機関から融資を受けようにも、審査においてその事実がマイナス要素として見られてしまうのです。

資金調達をしたい時、民間・政府系金融機関に融資を申し込まず、ノンバンクに安易に申し込んで借りている経営者は、考えをあらためて、民間・政府系金融機関から融資を受ける道を探るべきです。

それぞれの金融機関で、はじめて融資を申し込む時は厳しい審査が行われますが、１回融資を受けて返済実績を作っていけば、２回目以降は融資が受けやすくなっていきます。

なお、民間・政府系金融機関からはすでに多くの融資を受けているが、財務内容や業績が悪く、これ以上の融資が受けられない企業もあります。

そのような企業は、一時的な資金調達としてノンバンクをやむをえず使うこともありますが、民間・政府系金融機関から融資を受けられるかもしれないのに、手続きの煩雑さ、審査期間の長さを嫌がって安易にノンバンクからの資金調達に頼ることはやめてください。

4-3 金融機関の種類と使い分け

民間金融機関には、メガバンク、地方銀行、信用金庫・信用組合があります。また、金融機関には、民間金融機関以外に、政府系金融機関もあります。中小企業はこれらの金融機関をどのように使い分けたらよいでしょうか。

◆ メガバンク

「メガバンク」とは三菱東京ＵＦＪ銀行・三井住友銀行・みずほ銀行のことを言い、各都道府県を営業の中心にする地方銀行とは区別します。メガバンクは、年商10億円以上の企業でないと、相手にしてもらいづらいです。年商10億円未満の企業であれば、地方銀行や信用金庫・信用組合をメインに融資を受けていきたいです。

◆ 地方銀行・信用金庫・信用組合

地方銀行・信用金庫・信用組合は、金額が数千万円～数億円となる運転資金・設備資金の融資だけでなく、金額が数百万円程度の小さい金額の融資もこまめに対応してくれます。また企業側が依頼すれば、銀行のほうで担当者をつけて、毎月訪問してきてくれるようになります。特に信用金庫・信用組合は、地方銀行よりもさらにきめ細やかに対応してくれるものです。

また金額が数千万円～数億円の大きな融資であれば、年商10億円未満の企業でもメガバンクが対応してくれることもありますが、それでも融資を受ける中心は地方銀行や信用金庫・信用組合にしておきたいです。地方銀行・信用金庫・信用組合は、その地域に根づいている金融機関として、その地域の企業と共存共栄のスタンスです。そのため企業の業績が悪くなったからといって、いきなり見捨てたりはしないでしょう。一方でそういう時のメガバンクの姿勢は厳しいです。

そこを考えると、年商10億円未満の企業は、融資を受ける中心を地方銀行・信用金庫・信用組合にしておきたいです。

◆ 政府系金融機関

中小企業が融資を受ける政府系金融機関には、日本政策金融公庫、商工組合中央金庫があります。

日本政策金融公庫には、2008年に国民生活金融公庫・中小企業金融公庫・農林漁業金融公庫が統合された経緯から、「国民生活事業」「中小企業事業」「農林水産事業」の３つの事業があります。

いまだに日本政策金融公庫のことを、国民生活金融公庫を略した「国金（こっきん）」と呼んでいる経営者がいますが、日本政策金融公庫と呼ぶのが正しいです。略称は「日本公庫」です。

政府系金融機関で、特に中小企業にとって活用する機会が多いのは日本政策金融公庫の「国民生活事業」です。

しかしその融資金額には限度額があり、企業が融資を多く受けられるようにするためには、日本政策金融公庫はあくまで民間銀行の補完として考えるとよいでしょう。

なお年商が大きくなってくると（目安は５億円あたり）、日本政策金融公庫の中小企業事業や商工組合中央金庫でも融資の相談に乗ってもらいやすくなります。

4-4 メインバンクの考え方

◆ メインバンクとは

「メインバンク」という言葉をよく聞きます。長年、銀行と取引している企業の中で、メインバンクが決まっている企業が多いです。

一方で創業したばかりの会社や、融資を受ける中心の銀行が定まっていない会社にとっては、メインバンクとはいったい何か、メインバンクはどうやってできるのか、疑問に持つと思います。

メインバンクとは企業が銀行取引していく上で、最も利用頻度の高い銀行のことを言います。特に融資において、メインバンクが先頭に立ってあなたの会社を支援、つまり融資してくれるような関係を構築したいものです。

◆ メインバンクに期待できること

企業がメインバンクに期待することは、「最後まで面倒を見てくれること」です。最後まで面倒を見てくれるとは、他の銀行がどこも融資をしてくれない時に、メインバンクが融資をしてくれることを言います。

しかし、いくらメインバンクだからといっても、会社の資金繰りが回るようにいつまでも融資をし続けてくれるわけではありません。

毎期赤字続きの会社では、赤字を補てんする融資が出なければ、その会社の資金は尽きてしまいます。そのような会社にメインバンクが担保もなく融資を出し続けていれば、融資金額は大きく膨らんでしまうことになります。

銀行は貸倒れリスクが増える一方なので、永遠にメインバンクがその会社に融資をし続けてくれるわけではありません。いつか見切りをつける、つまり新たな融資をこれ以上出さなくなる時が来るかもしれません。

このようにメインバンクといっても、そのメインバンクがあるから会社は永遠に融資を受け続けられるわけではありません。しかし他の銀行が融資をしてくれない時でもメインバンクは親身になって融資を出そうと考えてくれるものですので、メインバンクを作っておきたいものです。

◆ 融資の総額が最も大きい銀行

メインバンクは、企業側がその銀行に「メインバンクになってほしい」と依頼して、できるものではありません。いくつかの銀行があなたの会社に融資を出していく中で、融資を多く出してくれる銀行が見えてきます。またその銀行は、自分の銀行の預金口座を売上入金や買掛・給料支払いのメイン口座として使ってほしいと誘導してきます。

担保となるような不動産があれば、「融資を多く出すので自分の銀行に担保を入れさせてほしい」と言ってきます。

そのようにして、メインバンクは自然にできてくるものです。その会社に対する融資の総額が一番大きい銀行が、通常はメインバンクになります。

◆ メインバンク選びには経営者の意思を

どの銀行をメインバンクにするかは、企業側の考えを入れていきたいものです。

例えばメガバンクが、信用保証協会保証付融資を熱心に勧めてきて、そのメガバンクでの融資がその企業において一番大きくなったとします。年商が10億円もいかない企業であれば、その後、新たな融資の提案がそのメガバンクから一切なく放置されてしまう場面を見ることがあります。

１つの銀行しか融資を勧めてこないのであればその銀行をメインバンクにすることを考えるしかないですが、複数の銀行があなたの会社に融資をしたがってくるのであれば、どの銀行をメインバンクにしていくか、経営者の意思も入れたいものです。

年商別　メインバンクの理想

	～年商１億円	年商１～10億円	年商10億円～
メガバンク	×	△	○
地方銀行	○	○	○
信用金庫・信用組合	○	○	△
政府系金融機関	×	×	×

○……メインバンクとして使うのをお勧め
△……場合によってお勧め
×……メインバンクにすべきではない

◆ メインバンク候補

なおメインバンクとなる銀行は、まず融資の実績ありきです。「うちがメインバンクとなりましょう」と銀行員が言っても、融資をほとんどしてくれなかったらメインバンクとはなりえません。

融資を多く受けた銀行に対し、その銀行に「今後も、いくつか取引のある銀行の中心となって、うちの会社のことを支援してくれますか」と話をします。そこでメインバンクとして取引していく意思を銀行から感じられれば、メインバンクとして使っていってよいでしょう。

メインバンクとの関係を強化するためには、融資シェアを高くしていきます。「融資シェア」とは、一企業の融資総額において、ある銀行が占める融資金額の割合のことを言います。

例えば、あなたの会社が総額1億円の融資を受けていて、うち6,000万円をA銀行から受けていれば、A銀行の融資シェアは60%となります。

またメインバンクに、取引を集めていくようにします。

売上入金、手形・小切手決済、口座振替、振込等、メインバンクでの取り扱いを一番多くします。そうすれば、メインバンクにあなたの会社の売上・仕入・資金繰りを把握してもらいやすいし、あなたの会社にとっても1つの銀行に取引を集中させることにより利便性が高くなります。

4-5 融資を受ける銀行の数の考え方

銀行取引にはメインバンクの概念があること、またメインバンクはどうやってできていくか、ということを前項でお伝えしました。

しかし、融資を受ける銀行はメインバンクの１つだけにするべきではありません。

また年商規模が小さいからと、自分の会社が複数の銀行から融資を受けるのは似つかわしくない、と考える必要もありません。複数の銀行から融資を受けることを考えます。

その理由は、次の２つです。

（１）融資の選択肢を広げておくため
（２）銀行間を競争させるため

（１）融資の選択肢を広げておくため

１つの銀行のみから融資を受けている会社は、その銀行から融資が受けられなくなってしまったら、他の銀行から融資を受けることは困難となります。

１つの銀行から融資を受けられなければ、新規の銀行に申し込めればよい、ということにはなりません。銀行は、今まで取引のない新規の会社より、今まで融資を実行して返済実績のある会社のほうが、ずっと融資を出しやすいです。

銀行は、新規の会社への融資は貸倒れになりやすいことをわかっています。それはなぜなのか。

企業は新たな融資を考える時、現在、融資を受けている既存の銀行から借りるのを第一に考えるものです。

しかし、既存の銀行から新たな融資が出ないのであれば、新規の銀行で融資を受けるしかありません。

銀行から見ると、新規で融資の申込みがあった銀行は、既存の銀行で新たな融資を受けられないから自分の銀行に来たのではないか、と身構えてしまいます。

既存の銀行が、その会社に対するマイナスの情報、例えば今期の業績が悪化している、社会からの信用を低下させる不祥事が起きている、粉飾決算である、などの情報をつかんで融資を出さないのではないか、と考えます。

そのため、銀行は新規に融資の申込みがあった企業への融資は慎重になります。

このように考えると、複数の銀行で融資を受けておき、返済実績をそれぞれの銀行で作っておきたいものです。

そうやってふだんから複数の銀行から融資を受けておくと、１つの銀行から融資を受けられない時でも別の銀行という選択肢を確保しておくことができます。

なお借入金の総額によって、最低何行以上の銀行から融資を受けたほうがよいかの目安は次ページの表の通りです。

政府系金融機関は別に考えてください。政府系金融機関は、民間の金融機関を補完する位置づけであり、ここでは数には数えません。

借入金の総額	融資を受ける銀行の数
～3,000万円	2行以上
3,000万円～1億円	3行以上
1億円～	4行以上

（2）銀行間を競争させるため

どの業界でもそうであるように、銀行業界でも、銀行間での競争があります。融資はどこの銀行で受けても銀行の商品の内容は「お金」です。その中で､他の銀行と差別化をしなければならないのは「金利」です。

銀行が融資を出したい企業であれば、銀行間で競争させることで、金利が低くなっていきます。

◆ 銀行からの融資の金利を引き下げるには

金利を下げるには、銀行間に競争させることが一番の方法です。あなたの会社が銀行から見て、融資をしたい企業であったとすれば、金利を下げるチャンスは多くあります。

企業の中には、メインバンクとの長年の関係を大切にしたいと、融資を受ける銀行は1行のみという「1行取引」にこだわっている企業もあることでしょう。しかしそういう企業は、借入れの金利は高くなる傾向にあります。

私は銀行員時代、自分の銀行からのみ融資を受けている1行取引の企業において、次のようにしていました。

ある会社が融資を申し込みました。私は稟議書を書き、金額3,000万円、返済期間３年、金利1.5％で、銀行内で審査が通りました。その後、私はその会社の社長に対し、融資審査が通ったことを伝えに行きますが、その社長に対し、次のように伝えました。

「社長、審査は通りましたよ。金額は希望通り3,000万円、返済期間３年でＯＫです。なお金利は2.75％となります」

融資審査では金利は1.5％なのに、企業に伝える金利は2.75％なのです。稟議書では金利1.5％で審査が通っても、銀行としてはそれ以上の金利をいただけるに越したことはありません。稟議書で通った金利より高い金利で融資を受けてくれたら銀行はそれでよいのです。

この場合、**[2.75％－1.5％＝1.25％]** が私の成果となりました。支店に帰って、私は上司や支店長に報告し、金利を高くできたことを誉めてもらえました。

このように１行取引の企業では、社長は他の銀行から融資を受けていないため金利の相場を知らず、高い金利をふっかけても銀行は社長から文句を言われることが少ないものです。一方で複数の銀行から融資を受けている企業であれば、他の銀行の金利を見ているため、この金利水準は高いか低いか、見ることができます。

この例を見ても、１行取引ではなく、複数の銀行から融資を受けるようにするべき、ということがわかります。

銀行員は自分の銀行から融資を受けてほしいのであれば、金利の低さで勝負することが多いです。

なお、融資の金利を低くするには、次の２つに分けて考えます。

i これから受ける融資の金利を低くする
ii すでに受けている融資の金利を低くする

i　これから受ける融資の金利を低くする

まず新たな融資の場合。できるだけ多くの銀行から融資の提案書をもらいます。ここでのポイントは、提案書として書面でもらうことです。そこには「金額3,000万円、返済期間3年、金利1.5%で融資を提案します」ということが書いてあります。

提案書としてもらえるということは、すでにあなたの会社に対し、銀行内で事前に審査の協議（融資審査の正式な稟議の前の事前審査）を行っていると考えてよいです。銀行の担当者の一存で、具体的な融資の提案を行うことはできません。担当者の一存によって提案を行い、それが本審査で否決になって融資を断れば、融資は出るものと思っていた企業にとっては資金繰りの計画が狂い、大きな問題となります。そのため具体的な融資条件、つまり金額、返済期間、金利を書いた提案書を銀行員が出してくる時は、事前に銀行内で審査の協議を行っていることが普通です。

そして、複数の銀行から提案書をもらうと、A銀行では金利1.8%、B信用金庫では金利1.5%というように、金利が書いてあります。例えば3つの銀行から提案書をもらい、それぞれの金利は次の通りだったとします。

A銀行　　　1.8%
B信用金庫　1.5%
C銀行　　1.3%

A銀行やB信用金庫に対し、C銀行の提案書を見せます。そうすると、どうしても自分の銀行から融資を受けてほしい銀行であれば、金利を下げた提案を再度、持ってきます。

例えば、A銀行が前回提案である1.8%から、1.2%にまで下げた提案書を持ってきます。そうしたら、そのA銀行の提案書をC銀行に見せて、C銀行でも金利の引き下げを促します。

このようにすることで、新たな融資で低い金利の融資を受けることができます。実際の実務ではメインバンクとの関係、今までの長年の銀行との関係、担保の状況など、必ずしも金利だけでどこの銀行で融資を受けるかを判断することはないでしょう。

しかし、このようなやり方で、低い金利で融資を受けやすくなるので覚えておいてください。

ii すでに受けている融資の金利を低くする

すでに受けている融資の金利を引き下げたい場合。この場合、すでに受けている融資の金利引き下げなので、新たな融資の場合と異なり、より工夫した交渉術が必要となります。

例えば、あなたの会社がD銀行から2.5%の融資を受けていて、その融資残高が2,500万円である場合。別の銀行から、その借換えの提案を受けてみます。あなたの会社に融資をしたいE銀行から、5,000万円、金利1.5%の提案書をもらったとします。そのE銀行の提案書を、D銀行に見せ、次のように言います。

「E銀行から、金利1.5%の提案書をもらっていますよ。
5,000万円の提案ですが、うちの会社はこんなにも資金がいらないから、5,000万円で融資を受けD銀行さんの2,500万円を返してしまおうと思っています。D銀行さんの金利は高いから」

他の銀行で自分の銀行の融資を借換えされてしまうことほど、銀行員にとって屈辱的なことはありません。

Ｄ銀行としては、どうやって他の銀行から借換えされるのを防衛するか。それは金利しかありません。そしてＤ銀行内で、金利の引き下げを協議します。

このようにして、既存の融資の金利2.5％を引き下げてくれることが期待できます。

この場合に気をつけなければならないことは、もしＤ銀行が金利を引き下げてくれなかった場合、本当にＥ銀行で借換えを行うと、Ｄ銀行を怒らせることになります。

そしてＤ銀行は二度とあなたの会社に融資を出してくれなくなる事態になることもあります。他の銀行に借換えされることほど銀行員にとって屈辱的なことはないですから。

あなたの会社が今後Ｄ銀行と付き合わなくてよいと思っているならまだしも、Ｄ銀行があなたの会社にとって今後も必要な銀行であったら、本当に借換えは行わないことです。

Ｅ銀行の提案通り融資を受けるにしても、その資金でＤ銀行の融資を返済してしまわないでください。

あくまでＥ銀行からの提案書は、Ｄ銀行の既存の融資の金利を引き下げるための道具としてのみ使ってください。

4-6 融資を受ける銀行をどう増やすか

メインバンクを作るにしても、複数の銀行から融資を受けるにしても、新しい銀行と関係を持つことができなければなりません。では、銀行とはどのように接触すればよいのでしょうか。

この場合、やってはいけないことは、預金取引さえもない銀行にいきなり飛び込んで、融資を申し込むことです。

次の事例は、ある企業が近隣の銀行に手当たりしだいに飛び込み、融資を申し込んだ際の銀行員の反応です。

・A銀行…「決算書の内容しだいでは、お付き合いさせていただきたいが、時期尚早のため、まずは日本政策金融公庫に話をしてみてはどうか」
・B信用金庫…決算書を提出したが、返事なし
・C信用金庫…「現段階では、難しい」

このように、相手にされないのが普通です。

なぜなら、銀行としてはこのような一見客は、
「今までにいくつもの銀行に融資を申込みをして断られてきた」「他の銀行に断られたから自分の銀行に飛び込んできた」

というように見えてしまうからです。

新しい銀行と接触するにはいくつかの方法がありますが、近所の支店で預金口座を開設するのが手っ取り早いです。

（1）近隣の銀行で預金口座を開設する

まずは、自分の会社のまわりに支店がある銀行を把握します。

その支店に訪問し、法人や個人事業主としての預金口座の開設を依頼します。

ただ、その場で口座は作らせてもらえないのが普通です。口座開設前に銀行は一度、その会社の事務所を訪問します。

なぜなら、その会社はペーパーカンパニーではなく実態がある会社なのかどうかを見たいからです。実態のない会社の預金口座が開設されてしまうと、その口座は、後に詐欺などの犯罪や、反社会的勢力の口座として使われたりするなど、後々、面倒なことになってしまうからです。

そして訪問したら、銀行は経営者からヒアリングを行います。事業の内容など、簡単なヒアリングです。

特に大事な質問は「なぜうちの銀行で預金口座を開設しようと思ったのですか？」です。

その理由をあらかじめ経営者は考えておきます。「近所だから」は、銀行として最も納得のいく理由です。このようなヒアリングの上、問題なければ預金口座作成の手続きに入ります。

一方で訪問してくる銀行員は、融資量の増加や、新規融資先開拓などの目標が本部から設定されているものです。新しい会社の預金口座開設の機会は、その銀行員にとっても、営業のチャンスであるのです。その銀行員が融資の話をし出したら、企業としてもその銀行で新たな融資を考えてもらうチャンスになります。

新規の銀行と接触する方法として、企業が飛び込みで新規の銀行に融資を申し込むのはよくない方法で、企業が支店で預金口座開設を行い銀行員に訪問してもらうのはよい方法ということがわかりました。

しかし、この2つの方法の違いはどこにあるのでしょうか。

◆ 企業から飛び込んでの融資申込みの場合と、銀行員から融資の話があった場合との違いとは

企業が飛び込みで新規の銀行で融資を申し込むのは、企業側から銀行へ融資を依頼したということです。

それに対し、預金口座開設で銀行員が企業に訪問し銀行員が融資の話をしてくるのは、銀行が企業に対し融資の提案を行おうとした、ということです。

・企業から融資の提案をされるのか
・銀行が企業に融資の提案をしてくるのか

融資申込みにおけるこの入口の違いは、とても大きいです。企業が銀行に融資の依頼をするのは、その企業は資金繰りに困っているのかと銀行は身構えてしまいがちです。一方で銀行のほうから融資の提案をしたということは、銀行からの営業の行為ですので銀行としては融資を受けてほしい、ということになります。

その後の融資審査にあたって、銀行からの提案の上、融資の申込みが行われた、ということは、銀行としてはそのぶん、安心して融資を行いやすいものです。

この方法の他、新規の銀行と接触するきっかけとしてとれる方法は、自分の会社に新規の銀行が営業に訪問してくるようきっかけを作る、人に紹介してもらう、という方法があります。

（2）自分の会社に銀行員の新規営業を誘導する

銀行員は、帝国データバンクなどの興信所会社で支店の近くの会社の情報を調べ、新規融資先開拓の営業を行っています。そのため、興信所会社の情報に自分の会社の情報が掲載され、かつ興信所会社からつけられている自分の会社の点数が高くなると、銀行員は自分の会社へ営業に訪問してくることが多くなります。

興信所会社に自分の会社の情報が載っていなかったら、その興信所会社と付き合いのある知人の会社などに自分の会社を調べてもらうようにし、載るようにしてください。また興信所会社から自分の会社に調査が入ったら決算書を開示し自社の情報を丁寧に説明する、経営者が興信所会社の調査員に聞かれたことをしっかりと答える、これを心がけると点数が高くなりやすいです。

（3）人に紹介してもらう

新規に融資を受けたい銀行とすでに取引している知り合いの経営者や、その銀行を知っている顧問の税理士などに、紹介してもらいます。銀行としては、知っている人からの紹介であれば安心できます。

ただ、銀行の支店網は細かく張り巡らされており、紹介を受けた銀行の支店が、自分の会社と離れた場所にあれば、その紹介の後、テリトリーが違うということで具体的な話になりにくいこともあります。

例えば、あなたの会社が東京の銀座に本社があるとします。東京に本拠のあるＡ信用金庫を、あなたの知人で、新宿に本社のある会社の経営者に紹介してもらおうと依頼したとします。その知人が付き合っているＡ信用金庫新宿支店を紹介してくれたとしましょう。

この場合、紹介を受けたA信用金庫新宿支店の職員は、銀座まで遠方であるとして、なかなか来てくれないことがあります。

なおA信用金庫が銀座にも支店があったとしても、その新宿支店の職員は、銀座支店の職員に声をかけてくれることもあれば、声をかけてくれないこともあります。その職員が臨機応変に動いてくれるかどうかによります。

なお、一般企業の感覚としては新宿と銀座の間の移動距離はそんなに遠くなくても、銀行の感覚だったら遠いと感じます。

銀行は支店網が細かく張り巡らされていて、自分の支店のテリトリー外には基本的に行こうとしない感覚があります。

テリトリーの問題が、紹介という方法の弱点です。このようなこともありうると考えながら、新規の銀行を人に紹介してもらうようにします。

4-7 信用保証協会保証付融資とプロパー融資の使い分け

銀行からの融資の中で、信用保証協会や保証会社の有無で、プロパー融資、信用保証協会保証付融資、ノンバンク保証付融資と分かれます。

一般に、信用保証協会の保証がついた融資を「保証付融資」、そうでない融資を「プロパー融資」と言います。信用保証協会保証付融資とプロパー融資が、銀行からの融資の主流です。

また、「ノンバンク保証付融資」は、ノンバンクが銀行や都道府県など地方公共団体と提携し、ノンバンクが保証会社となって作り出された、最近増えてきている融資商品です。

これらの違いを把握し、うまく使い分けることは、銀行からの融資を増やしていくためにとても重要です。

まず、信用保証協会保証付で融資を受けられるなら、ノンバンク保証付融資を使う必要はありません。ただ信用保証協会保証付融資には金額の上限があり、その借入枠を補完するものとしてノンバンク保証付融資を考えたいです。

そして、信用保証協会保証付融資とプロパー融資の使い分けですが、プロパー融資の審査が通るなら、保証付融資よりもプロパー融資で融資を受けていくようにします。その理由は次の２つです。

（1）枠の有無

（2）審査の厳しさ

（1）枠の有無

信用保証協会保証付融資には、保証の限度の金額、つまり保証枠があります。無担保の場合、8,000万円、担保を含めれば2億8,000万円です。またこれは全ての銀行、合算してのものです。一方、プロパー融資にはこのような枠はありません。

なお信用保証協会保証付融資では、経営革新計画や、セーフティネット保証による別枠をとれることもあります。

またこれとは別に、信用保証協会で目安としている運転資金の総額の目安があります。それは月商の3ヵ月分です。

例えば、年商1億8,000万円、月商1,500万円の会社で、担保となるものがないのであれば、信用保証協会の制度としての無担保の保証枠は前述のように8,000万円である中、信用保証協会が一企業に出す運転資金の保証の上限の目安は月商の3ヵ月分であるため、4,500万円が実際の保証の上限の目安となります。

つまり、この会社が運転資金を信用保証協会保証付で融資を受けたい場合、信用保証協会が保証する上限は4,500万円程度となります。

なお、設備資金の融資は、この運転資金の融資とは別に考えます。

しかし年商1億8,000万円の企業が全て、信用保証協会から運転資金で4,500万円まで保証してもらえるわけではありません。信用保証協会も、銀行が融資審査を行うのと同じように、保証のための審査を行います。

なぜなら企業が信用保証協会保証付融資を銀行へ返せなくなった場合、企業の代わりに信用保証協会が銀行に返済しなければならないからです。その後、信用保証協会は企業や連帯保証人から返済してもらうことになります。財務内容や業績が悪い企業であれば4,500万円も保証してもらえないかもしれません。

信用保証協会保証付融資にはこのような保証枠がある中、会社が成長するにつれ運転資金や設備資金など、多くの融資が必要になってきます。

信用保証協会保証付融資のみで融資を受けていたら、この保証枠が埋まってしまえば、それ以上の保証付融資は受けられなくなります。

保証付融資のみで融資を受ける状態を早く卒業し、プロパー融資でも受けられるようにしていきたいものです。

信用保証協会が一企業に、運転資金の融資を「どこまで保証するか」の考え方

例：年商１億 8,000 万円、月商 1,500 万円の会社。
担保は入れないものとする。

① 信用保証協会の制度としての保証枠
無担保 8,000 万円まで

② 信用保証協会が一企業に保証する目安としての限界
（あくまで目安）
月商の３ヵ月ぶん。月商 1,500 万円 ×３ヵ月＝4,500 万円

③ 財務内容や業績などを審査の中心とした
その企業にどこまで保証するかの審査
4,500 万円まで保証が出る場合もあれば、全く保証してくれないことも

（2）審査の厳しさ

信用保証協会は、保証協会が保証人となることで企業が銀行から融資を受けることを容易にし、企業の育成を金融の面から支援する、と

いう使命があります。

信用保証協会が保証を行うには信用保証協会の審査が必要ですが、このような使命があるため、銀行のプロパー融資の審査より、信用保証協会の保証審査のほうが通りやすいものです。

なお、信用保証協会保証付融資の場合でも信用保証協会に加えて銀行でも融資審査を行いますが、信用保証協会保証付融資では、将来、貸倒れとなった時に銀行が負担しなければならない金額は貸し倒れた金額の２割のみ（制度によっては、銀行の負担が０の融資もあり）の負担なので、信用保証協会の保証審査が通ったら銀行のほうでも融資審査を通しやすくなります。

そう考えると、審査が厳しいプロパー融資で融資が受けられるのであれば、信用保証協会の保証枠は後にとっておいたほうがよいこととなります。

将来、会社の業績が悪化して銀行のプロパー融資の審査が厳しくなった時に備え、信用保証協会の保証枠を空けておきたいものです。

4-8 プロパー融資をどう受けられるようにしていくか

信用保証協会保証付融資と、プロパー融資の使い分けについて、ご説明しましたが、そもそもプロパー融資で融資を受けられなければ、使い分けようがありません。プロパー融資は銀行が100％貸倒れリスクをかぶる融資なので審査は厳しくなります。では、どのようにプロパー融資の道を作っていけばよいか、見ていきます。

（1）銀行間を競争させる

銀行間で競争をさせるのが、プロパー融資を受けられるようになる有力な方法の１つです。

あなたの会社に融資を行う銀行が１つしかない場合、その銀行が信用保証協会保証付融資しかやらないとなれば、プロパー融資への道はなかなか開けません。しかし複数の銀行から融資を受けていて、そこに新規で営業にくる銀行もからませれば、プロパー融資への道が開いていきます。

融資では、お金が商品となり、お金は、どこで借りても同じお金でしかないです。そのため、銀行は金利で他の銀行と差別化を図り、自分の銀行で融資を受けてもらおうとすることが多いですが、同じように、他の銀行は信用保証協会保証付融資を勧める中、プロパー融資で差別化してもらうようにも誘導していきましょう。銀行間で競争させてプロパー融資を引き出す具体例は次の通りです。

あなたの会社が、Ａ銀行から3,000万円を全て信用保証協会保証付融資で、そしてＢ信用金庫から1,500万円を全て信用保証協会保証付融資で受けていたとします。その２つの銀行・信用金庫との取引である中、Ｃ銀行が、新規融資先の開拓を目的として訪問してきました。

他の銀行と同じようにＣ銀行は、「信用保証協会保証付融資で提案したい」と言ってきたとします。その時、あなたはＣ銀行に「信用保証協会保証付融資の提案であればうちはいらないよ。Ａ銀行とＢ信用金庫で充分、間に合っている。プロパー融資であれば、考えてあげてもいいよ」と言います。

新規融資先の開拓は、どこの銀行でも力を入れている目標項目の１つです。Ｃ銀行の担当者は、プロパー融資でもよいから融資を出して、新規融資先獲得の目標件数に近づけたいと考えるかもしれません。

このようにしてＣ銀行にプロパー融資を提案させます。

また新規の銀行だけでなく既存の銀行においても、銀行間での競争をあおって、プロパー融資で提案させるようにします。

上の例では、既存のＢ信用金庫が信用保証協会保証付融資の提案をしたいと言ってくれば、「メインのＡ銀行で信用保証協会保証付融資は間に合っている。プロパー融資であれば検討したいが」と言います。

（2）銀行にとって出しやすい融資で提案してもらう

銀行間を競争させる方法の他に、競争はさせなくても、プロパー融資で出しやすい融資を既存の銀行に出してもらい、プロパー融資の道を広げていく、方法があります。

銀行にとって出しやすい融資とはどのような融資か。それは、次の３つの条件があります。

· 融資金額
· 返済期間
· 資金使途

融資金額は小さいほど、返済期間は短いほど、資金使途、つまり融資で出した資金は何に使うかが明確であるほど、銀行は融資を出しやすくなります。具体的には、次のつなぎ資金、季節資金、賞与納税資金の融資があります。

i つなぎ資金

例えば建設業は、外注費や材料費の支払いが先に来て工事代金の回収が後となりがちです。支払いが先行する取引がある場合、支払時に融資を受けて、売掛金回収時に一括で返済する融資のことを「つなぎ資金」と言います。このように支払いが先行する取引があれば、どの業種の会社でもつなぎ資金の融資を銀行に検討してもらえます。

ii 季節資金

例えばアパレル製造業は在庫備蓄の時期と在庫販売の時期がはっきりと分かれ、在庫備蓄の時期は資金不足に陥りがちです。このように季節ごとに資金繰りの波が激しい事業の場合、資金不足となる時期に融資を受けて、売掛金が多く回収される時期に融資を返済する、その間をつなぐ融資を「季節資金」と言います。

iii 賞与納税資金

賞与や納税は一時的に大きな支払いとなりますが、その支払いのための融資です。次の賞与や納税の時期までの短期間での返済となります。

これらの融資は、銀行にとって出しやすい融資です。融資金額が大きくはならないこと、返済期間が短いこと、資金使途がわかりやすいこと、が理由です。

いきなり銀行に、金額3,000万円、返済期間5年の希望で運転資金のプロパー融資を申し込んでも、審査を通すのはよほど優良企業でないかぎり、難しいです。一方で、金額500万円、返済期間6ヵ月の賞与資金でプロパー融資を申し込むと、銀行は審査を通しやすいです。審査が通って融資を受け、返済を進めていけば、それがプロパー融資の返済実績となり、銀行はそのような返済実績のある企業に、もっと踏み込んだプロパー融資を出しやすくなります。

次は金額を大きく、返済期間が長いプロパー融資を提案してくれるかもしれません。

（3）信用保証協会保証付融資と抱き合わせで提案してもらう

プロパー融資の道を作るために、信用保証協会保証付融資とプロパー融資を抱き合わせで提案してもらうよう誘導する方法があります。

抱き合わせとは、例えば信用保証協会保証付融資4,000万円、プロパー融資1,000万円を同時、もしくは近い時期に実行してもらうことを言います。

ちなみに信用保証協会は、信用保証協会保証付融資、単独より、プロパー融資との抱き合わせでの融資のほうが、保証を承諾できる金額を増やしやすいです。なぜなら、銀行が同時にプロパー融資を行うということは、銀行もその会社に対して積極的に融資しようとしていることです。銀行がそのように前向きな評価をする企業であれば、保証金額を増やしやすいからです。

例えば、３つの銀行から融資を受けていて、いずれも信用保証協会保証付融資のみだとします。そしてその３つの銀行から、新規の信用保証協会保証付融資の提案が来ているとします。あなたがどの銀行から信用保証協会保証付融資を受けたらよいかわからない状況の中、その３つの銀行に「自分の会社は融資金額を増やしたいと思っている。プロパー融資と抱き合わせで提案してくれないか」と交渉します。

そして、プロパー融資と抱き合わせで融資してくれる銀行で融資を受けるようにします。

以上のように、今まで信用保証協会保証付融資しか受けてこなかったのであれば、プロパー融資を受ける道を探りたいものです。１つの銀行がプロパー融資を行ってくれたのなら、他の銀行にも、その事実をアピールします。

そして、「プロパー融資を出してくれる銀行を中心に融資を増やしていきたい」と言います。そうすると他の銀行でも、競争意識が働きプロパー融資を検討してくれるようになります。

銀行は、他の銀行がプロパー融資を行っていると、自分の銀行も安心してプロパー融資を行いやすいものです。

プロパー融資は、企業側が主体的になって、銀行へ仕掛けを行っていかなければ、なかなか受けられるものではありません。

プロパー融資を受けられるようになるための以上のようなテクニックを使ってみてください。

4-9 多くの銀行から融資の提案がある場合

あなたの会社が、銀行から見たら融資を積極的に受けてほしいと思われる会社の場合はどうでしょうか。

銀行は、信用金庫や信用組合も含めて全国で500以上あり、それぞれの銀行が、生き残りのためにしのぎを削っています。銀行の第一の収益源は融資による利息収入であるため、融資の残高をいかに増やしていくか、銀行間で競争が起きています。

企業が安定した経営を行うためには第一に資金繰りが大事で、現金は多く保有すればするほど、安定した経営ができます。上場企業が現金を多く保有していればその株主から、現金を有効活用するように言われやすいですが、上場企業ではない中小企業では、経営者がそのまま大株主であることが多く、株主からのプレッシャーもありません。

現金を、月商の最低1ヵ月分、理想は3ヵ月分、常にある状態にしたいものです。

ある運輸業の会社は年商12億円ですが、借入金は7億円、一方で現金を5億円保有しています。この会社は月商の7ヵ月分もの借入金がありますが、借入金から現金を引いた実質借入金は **[7億円－5億円＝2億円]** と、月商の2ヵ月分程度です。

銀行は「借りてくれ」と言ってきます。銀行は、「この会社は現金を豊富に保有することを目的として借入れを行っていて、現金がこれだけあるから安心」と考えているのでしょう。

しかし、実際にはこれだけ多くの借入金があると、支払利息の負担が気になるものですが、多くの銀行から融資を受けられる会社では金利競争が銀行間で発生します。

今は年利１％を切る金利で融資を受けている中小企業も増えてきていますが、低い金利で融資が受けられるようになれば、支払利息の増加を抑えることができます。

経営者の中には、借入金を多くするのが不安だからと、借入金を増やそうとせず、ギリギリの資金繰りを行っている会社があります。

しかし、それで会社の経営が不安定になれば本末転倒です。

借入金が1,000万円あろうと、１億円あろうと、10億円あろうと、会社が倒産し融資の返済ができなくなってしまえば、同じです。

借入金が多くなっても会社は倒産しませんが、現金がなくなれば会社は倒産します。借入金を多くすることを怖がるよりも、現金が少なくなることを怖がる経営を行いたいものです。

4-10 他の銀行の融資を借り換えるのはどうなのか

銀行が、ある企業に対し融資を売り込もうとする場合を考えてみましょう。

その会社で、売上が増加するに伴い運転資金が必要になったり、新たな設備投資を行うための設備資金の需要があればよいのですが、そのような資金需要もない場合、銀行はどう融資を売り込んでくるのでしょうか。そこで考えられるのが、他の銀行の融資の借換えです。

「他の銀行の融資を、うちの銀行でまとめましょう。
金利も、既存の融資より少し下げますし、まとめることによって毎月の返済額は減りますよ」

というように、銀行は勧誘してきます。では、企業側には、借換えを行うことにより、どのようなメリット・デメリットがあるのか、見ていきましょう。

(1) 他の銀行の融資を借り換えるメリット

他の銀行の融資を借り換えるメリットは次のようなものがあります。

・金利を下げる……

借換えの提案で銀行が企業に最もアピールできることは低い金利で借換えできること。金利を下げることができる

・事務効率と資金効率が上がる……

借換えすることによって借り換えされるほうの銀行との取引をやめ

る場合、取引銀行の集約を図ることができる。その結果、企業の事務効率と資金効率が上がる。ここで言う「資金効率」とは、預金を多くの銀行に分散させないことにより、資金を有効活用しやすくなること

・受取手形を手もとに置いておける……

ある銀行で手形割引を行っているぶんを別の銀行で長期融資に切り替えてもらえば、受取手形は手形割引で現金化することなく手もとに置いておくことができ、資金繰りにゆとりを持つことができる

・月々の返済負担が軽くなる……

借換えにより融資を一本化することによって、融資の本数を少なくすることができ、また月々の返済負担を軽くすることができる

・担保の有効活用……

多くの銀行が不動産に担保設定しており、それに見合った融資がされていない場合、借換えにより担保の有効活用を図ることができる

・銀行への不満解消……

借り換えされるほうの銀行に対し企業側が不満を持っているのであれば、その不満が解消される

・保証人にならなくてよい融資の提案が受けられる……

銀行が融資を売り込むために、経営者が保証人とならなくてよい融資を提案してくれることもある

（2）他の銀行の融資を借り換えるデメリット

デメリットは次のようなものがあげられます。

・借り換えされるほうの銀行との関係が悪化する

・選択肢が少なくなる……

借り換えされる銀行との取引をやめてしまえば、取引銀行の数は少なくなり、融資を受ける銀行の選択肢は少なくなってしまう

・未知数である……

借り換えされる銀行がメインバンクであれば、借換えをするほうの銀行が今後、メインバンクとして自社に対して融資を積極的に行ってくれるかどうか、未知数である

(3) 借り換えされるほうの銀行との関係が悪化する

借換えを提案してくる銀行からすでに融資を受けている場合、その銀行があなたの会社に対し借換えを提案してくるのは、その銀行があなたの会社に対して積極的に融資をしていこうという方針になっているからでしょう。

一方、借換えを提案してくる銀行が新規の銀行である場合、その銀行は、帝国データバンクなど興信所の企業情報からあなたの会社の情報を得て、融資の提案をしてくることが多いです。

既存の銀行と新規の銀行の大きな違いは、銀行がどこまであなたの会社のことを把握しているか、です。

既存の銀行では、あなたの会社は今まで融資を受け、返済してきた実績があります。その返済実績が、信用につながっていき、多少業績が悪くなっただけでは融資を控えないほど、信用がついています。

しかし新規の銀行では返済実績がなく、まだ信用がついているとは言えないため、あなたの会社の業績が悪くなればすぐに融資を控えようとすることも多いです。それが、長年取引してきた銀行と、新規で取引を開始した銀行との違いです。

こう考えると、長い間、取引してきた銀行では、他の銀行が有利な借換え提案を持ってきたとしても慎重に考えたいものです。他の銀行

で借換えするのであれば、借り換えされたほうの銀行からのあなたの会社への印象は悪くなります。それまでその銀行と培ってきた信頼関係が、他の銀行へ借換えすることによって簡単に崩れてしまいます。

（4）同じ銀行内での融資の借換えはどうか

なお、同じ銀行の融資を新しい融資で借り換えされる場合はどうでしょうか。

同じ銀行内での借換えであれば、他の銀行へ借り換えされることによる関係の悪化という現象は、当然、起きません。

なお、企業側がメリットになることは、一方で銀行にとってデメリットになるものです。例えば銀行は、既存の融資の金利を低い金利の新規融資で借換えすることは、銀行にとっては損をすることですのでそのような提案はなかなか行いません。

対して、融資をまとめることによる返済負担の軽減は、銀行にとっては損ではないため、提案してくることは多いものです。

以上、借換えのメリット・デメリットを見てきました。同じ銀行内での借換えよりも他の銀行での借換えを行うほうが、金利が下がりやすくなるなど、企業にとってはメリットが大きいです。しかし、借り換えされたほうの銀行との関係は悪化します。

私は、他の銀行で借換えすることはお勧めしません。どこかの銀行から既存の銀行の借換えを行う融資の提案を受けたのであれば、借換えではなく、提案を受けたそのままの金額の融資を受け、その銀行との関係を築いていくとよいでしょう。

Chapter 5

銀行からの融資の基本

5-1 銀行融資には、4種類ある

銀行から融資を受けるには次の4種類の方法があり、その使い分け方を覚えておくとよいです。

（1）証書貸付
（2）手形貸付
（3）当座貸越
（4）商業手形割引

（1）証書貸付

証書貸付とは、「金銭消費貸借契約書」に借入金額、金利、返済期間、返済方法などを記入し、会社の署名・捺印、連帯保証人の署名・捺印を行った上で契約書を銀行と交わし、融資を受ける方法です。

主に返済期間1年を超える長期での融資で使われる方法です。

（2）手形貸付

手形貸付とは、借入用の手形を銀行に差し入れることにより融資を受ける方法です。主に返済期間1年以内の短期での融資で使われる方法です。

例えば、次のようなものがあります。

・つなぎ資金…材料費や外注費、仕入代などの支払時期が先に来て売掛金入金が後に来る間をつなぐ
・季節資金…季節で在庫備蓄時期と販売・売掛金回収時期が異なり、その間をつなぐ
・賞与資金…賞与支払いのための資金
・納税資金…納税のための資金

これらは、3ヵ月返済や6ヵ月返済など、短期間で返済するので、手形貸付の方法がよく利用されます。

証書貸付では連帯保証人の署名・捺印を行ったり、印鑑証明書を添付したりするなど手続きの手間がかかりますが、手形貸付では手形に署名・捺印を行うだけですので、書類が簡素化されることが、短期融資の場合に手形貸付の方法が採用される理由です。

また証書貸付での金銭消費貸借契約書と、手形貸付での手形には、どちらにも収入印紙を貼りますが、印紙税は金銭消費貸借契約書の場合に比べて手形のほうが安いことも採用される理由です。

（3）当座貸越

当座貸越とは、融資の限度額を設定し、そこまでは自由に融資を受けたり返済できたりする融資方法です。その限度額を「極度額」と言います。当座貸越には次の2つの方法があります。

i 専用当座貸越

「専用当座貸越」は、一定の極度額の中で、自由に融資を受けたり返済したりする方法です。

例えば、専用当座貸越の極度額を3,000万円に設定したとします。

支払資金が足りないから500万円借りる、売上の入金があって預金が多くなったから500万円返済する、というように借りたり返したりします。

ii 一般当座貸越

当座預金と連動する当座貸越です。当座預金の残高が不足した場合に、自動的に貸越しとなります。当座預金口座を保有している会社が、当座貸越を行えるように銀行と契約すれば、当座預金残高をマイナス、つまり貸越しの状態にすることができます。

例えば、一般当座貸越の極度額を2,000万円に設定したとします。その状況で、支払手形の決済があって当座預金残高が不足した場合はどうなるのでしょうか。

当座預金残高が300万円ある状態から、1,000万円の支払手形決済があれば、当座預金は△700万円不足することになります。しかし一般当座貸越を設定していれば、2,000万円までは自動的に貸越しとなるため、当座預金△2,000万円となるまでは問題ありません。

（4）商業手形割引

「商業手形割引」とは、取引先に売上を上げ、その売掛金を手形で回収したら、その手形を銀行に買い取ってもらい現金化する方法です。

商業手形割引は貸借対照表の借入金にならないため、決算書の財務内容の改善に効果があり、また割引した銀行がその手形支払日に取立てすることによって決済となるために、手形割引を行った会社は後日に銀行へ返済する必要はありません。

ここであげた融資の種類とその特徴を下記の一覧表にしましたので、それぞれの違いを頭に入れておきましょう。

融資の４種類とその特徴

融資の種類	特　徴
証書貸付	金銭消費貸借契約書を金融機関に差し入れる。 返済期間１年を超える長期融資に利用
手形貸付	借入用手形を金融機関に差し入れる。 返済期間１年以内の短期融資に利用
当座貸越	極度額を設定してその中で自由に融資を受けたり返済したりする
商業手形割引	取引先から受け取った手形を金融機関に買い取ってもらう

5-2 銀行からの融資の返済期間

銀行の融資は、返済期間により、「短期融資」「長期融資」の２つに分けられます。

短期融資とは、返済期間が１年以内の融資です。長期融資とは、返済期間が１年を超える融資です。

手形貸付の方法で融資が行われる場合、返済期間が１年を超えることはまずありません。そのため手形貸付は短期融資の方法に分類されます。

当座貸越は、いくらまでなら自由に借りられるという極度額の制限がありますが、それが何年に設定されても、借入れ・返済自体は短期間で行われることが普通なので、短期融資の方法に分類されます。

同じように、商業手形割引も、短期融資の方法に分類されます。

一方、証書貸付の方法で融資が行われる場合、返済期間は１年を超えることが普通ですが、１年以内に設定されることもあります。１年を超えたら長期融資、１年以内であったら短期融資となります。

信用保証協会保証付融資、政府系金融機関の融資は、融資の制度ごとに返済期間は最長何年と設定されていて、その範囲で、審査により返済期間を決めることになります。

銀行のプロパー融資は、融資案件それぞれでオーダーメイドですので、企業の希望と、銀行の審査により、返済期間が決められます。

企業としては、返済期間はできるだけ長くしたほうが、返済はゆっくり進み、資金繰りは楽になります。そのため融資を希望する企業は、返済期間はできるだけ長めで設定してもらうよう希望したいのですが、返済期間が長くなると銀行としてはそれだけ、貸倒れリスクが増えます。銀行は、返済期間はできるだけ短くしようとし、一方、融資を受ける企業としては、返済期間をできるだけ長くしようとするので、その間での交渉となります。

また設備を購入するための設備資金の融資の場合、設備は長い期間使うので、返済期間は長間で設定されるのが普通です。

一方、運転資金の融資の場合は返済期間を短く設定されることもあれば、長く設定されることもあります。

このように、融資を受けた資金をどのようなことに使うかによっても、返済期間は異なってきます。

企業としては、資金繰り表を作り、返済期間がどうであると最適なのか、いつも考えておくことが、資金繰りを考えた経営につながっていきます。

5-3 会社の代表者は融資の連帯保証人になる

「保証人」とは、融資を受けた会社が返済できなくなった場合に、残りの融資を、企業に代わって支払う人のことを言います。

（1）連帯保証人とは

融資を行う場合、銀行はほとんどの場合、代表者は保証人となるよう要求してきます。

また、単なる保証人ではなく「連帯保証人」となります。連帯保証人が単なる保証人と違うところは、次の通りです。

・催告の抗弁権がない……

銀行から支払ってもらうよう督促があったら、連帯保証人は銀行に「まず借主に請求するようにしてほしい」と言うことはできない。

・検索の抗弁権がない……

銀行から支払ってもらうよう督促があったら、連帯保証人は銀行に「まず借主の財産を押さえてほしい」と言うことはできない。

このように、単なる保証人より連帯保証人の責任は厳しくなります。

（2）銀行はなぜ代表者に保証人となるよう要求するのか

そもそもなぜ、銀行は代表者に保証人となるよう要求するのでしょうか。次の理由があります。

ⅰ 経営者への規律づけ

資金繰りが厳しくなり、企業は倒産して銀行への返済ができなくなっても、経営者が豊富な資産を持ち続け、自分の資産さえ傷まなければ、銀行への返済ができなくなってもかまわないと考える人が出てきます。

また、倒産に備え、企業の資産を経営者個人に移そうと考える経営者も出てきてしまうかもしれません。

そのようなモラルハザードを防ぐために、銀行は代表者に保証人となるよう要求してきます。

ⅱ 企業の信用力の補完

企業の信用力が弱い場合、経営者個人にある程度の資産があれば、銀行はそれを見て企業に融資をしやすくなります。

ⅲ 企業の財務諸表の信頼性確保

銀行が融資審査を行うにあたって、審査の材料として企業の決算書は重要ですが、企業は銀行から融資を受けるために粉飾決算を行っているかもしれません。

粉飾決算を見ての融資審査では、審査の意味がないですが、ただ銀行は、その決算書が粉飾されているかどうか、知るすべがありません。決算書は粉飾ではない正しいものであると経営者に責任を持たせるため、銀行は代表者に保証人になるよう要求します。

（3）代表者が保証人となることなしに融資は可能なのか

代表者が保証人とならないで融資を受けられないか、という声が中小企業からありますが、それに応えるものとして、「経営者保証に関するガイドライン」が2014年２月にスタートしました。このガイドラインは、一定の要件を企業で満たすことができれば、経営者は保証人にならなくてよい、というものです。ただ、融資を出すかどうかは銀行の融資審査によるものですので、保証人なしで融資を出してもよいと銀行が審査を通さないかぎり、経営者保証なしで融資が受けられるものではありません。

ガイドラインでは、経営者が保証人とならなくてよい要件として、次の３つを明確化しました。

ｉ 企業と経営者との関係の明確な区分・分離

中小企業では、企業と経営者個人の資産の区別がつかなくなってしまいがちです。例えば経営者個人所有の土地の上に工場を立てて事業で使用したり、経営者個人の用事のための旅費交通費を会社の経費で落としたりすることなどです。

ガイドラインでは経営者が保証人とならない要件として、企業と経営者との間の資金のやりとりは社会通念上適切な範囲を超えない体制の構築を求めています。具体的には次の通りです。

・所有物は、企業所有であることが望ましい

企業の事業活動に必要な本社・工場・店舗・営業車等は企業所有とすることが望ましい。しかし、経営者個人の所有から切り替えられないのであれば、企業の融資のために銀行へ担保提供されていたり、経営者による資産処分が企業と経営者個人との契約書により制限されて

いたりするなど、経営者の都合による売却が制限されていること。

また企業が使用する店舗と経営者個人の自宅をかねていたり、自家用車を営業車としても使用したりするなど、明確な分離が困難であれば、企業が経営者個人に適切な賃料を支払うこと。

・企業から経営者個人への貸付けは、事業上必要ないのであれば行わないこと
・経営者個人のための飲食代、交際費、旅費交通費などの費用について、企業の経費としないこと

ⅱ 企業の財務状況・業績が良く、銀行への返済に懸念がないこと

銀行が経営者に保証人となることを要求する理由の１つに、経営者個人の資産により、企業の信用力の弱さを補完する、ということがあります。経営者が保証人とならなくても銀行が融資を出すには、それだけの信用力が企業にあることが求められます。しかし信用力が弱い企業、例えば財務状況が悪かったり、業績が悪かったりする企業は、経営者が保証人とならないことは難しいでしょう。

企業の財務状況・業績がよく、銀行への返済に懸念がないことが、経営者保証なしで融資を受ける要件として求められます。

ⅲ 企業の財務諸表が正確に把握でき、適時適切な情報開示が銀行にできて、経営の透明性が確保されていること

中小企業の決算書は、その信憑性が薄く見られがちです。どうしても融資を受けたい企業の中には粉飾決算を行って銀行から融資を受けようとする企業もありますが、それでは銀行は、粉飾決算を見て融資審査を行うことになり、審査の意味がなくなってしまいます。

またその後、融資の返済がされなくなってしまう可能性が高くなる

ことになります。企業が銀行に提出する決算書は正しい決算書であることに責任を持たせるために、銀行は経営者に保証人となるよう要求してきました。

そこで、経営者が保証人とならないためには、銀行に提出する、決算書をはじめとした財務諸表が正しいものであることを証明し、経営の透明性が確保されていることを要件としています。具体的には次のような対応が求められます。

・貸借対照表・損益計算書の提出だけでなく、決算書の各勘定科目明細の提出
・年に１回の本決算の報告に加え、試算表・資金繰り表等による定期的な銀行への報告

以上の３つが、経営者保証なしで融資を受けるための企業に求められる要件です。また既存融資においても、これらの要件が、銀行に、経営者の保証を外す交渉を行うための前提となる要件となります。

経営者保証なしで融資を受けるには、経営者保証に関するガイドラインを参考に、要件を満たす企業になって銀行に交渉するしかありませんが、経営者保証なしで融資を受けることは実際はハードルはとても高いです。

資金調達を行うことを優先させるなら、経営者は保証人になることを受け入れざるをえません。

Chapter 6

銀行の融資審査のポイント

6-1 銀行の融資審査

下のグラフは、銀行が融資審査において何を重視するか、融資審査における影響度の上限を100として、示したものです。

通常の企業の融資審査の場合と、融資が出づらい会社に融資を出す場合の影響度を表しております。

それぞれの項目の意味は106ページの表の通りです。

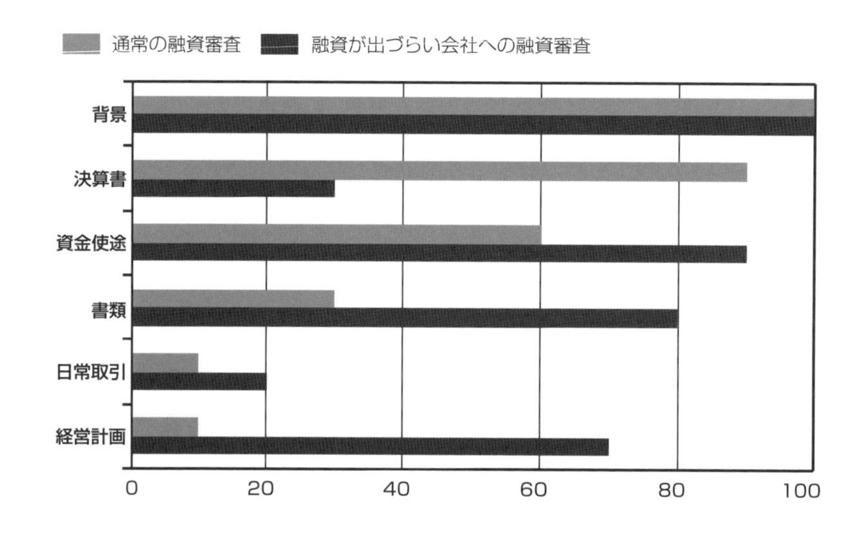

前ページのグラフでは、通常の企業において、融資が出るか出ないか、出るならどこまでの金額の融資が出るか、銀行の融資審査においてそれぞれの項目がどれぐらい影響するかを表しました。

また財務内容や業績などが悪く、通常は融資を受けることが困難な会社が、融資を受けられるようにするためには、どの項目が融資審査に影響を与えるかを表しました。

通常では融資を受けることが困難な会社が、どこの部分を特に頑張れば、融資を受けることに近づくか、影響度で表しております。

通常の会社の融資審査では決算書の影響度は90ですが、財務内容や業績が悪い企業であれば、通常では融資審査は通りません。

銀行の融資審査における影響度のグラフを数値で表したもの

	通常の融資審査	融資が出づらい会社への融資審査
背景	100	100
決算書	90	30
資金使途	60	90
書類	30	80
日常取引	10	20
経営計画	10	70

・資金使途で銀行を説得する
・書類も銀行から要求されたものだけでなく、銀行に融資を出しやすくするためのものを作成し提出して銀行を説得する
・経営計画で将来の業績良化の見通しを見せる

それらが融資が出づらい会社が銀行から融資を受けるためには重要であることが、104 ページのグラフからわかります。

次項より、銀行の融資審査に影響を与える、それぞれの項目について見ていきます。

グラフの項目の意味

項目	項目の意味
背景	その企業や、代表者の背景のこと。企業の背景としては、業種、反社会的勢力との関わりなど。代表者の背景としては、過去の経歴、裏の経営者の存在、反社会的勢力との関わりなど
決算書	決算書の内容。財務内容、業績などがこれでわかる
資金使途	融資で出す資金が何に使われるか、のこと
書類	銀行が企業に、提出を求める書類のこと。また自分の会社をアピールするために企業が銀行に出す書類のこと
日常取引	融資以外の日常における銀行との取引のこと
経営計画	今後 1 ～ 10 年の経営計画のこと

6-2 企業や代表者の背景が融資審査にどう影響するか

（1）企業の背景

企業の「背景」とは、銀行が融資を出せる業種か、企業が反社会的勢力に関わっていないか、社会に問題を起こしていないか、などです。

◆ 業種

まず業種について。例えば信用保証協会は、農林･漁業、風俗関連業、金融業、宗教法人、非営利団体（ＮＰＯ法人を除く）、ＬＬＰ（有限責任事業組合）等は信用保証の対象とならないと言っています。

このうち農林・漁業は、日本政策金融公庫の農林水産事業、農業協同組合、漁業協同組合で融資を受けることができますが、その他の業種は、信用保証協会だけでなく銀行から融資を受けることが困難です。またこのような融資を受けることが困難な事業が、企業のメインの事業ではなく、一部の事業であっても、融資の対象外の会社に見られる可能性が高いです。

例えば、貸金業は金融業の１つとなりますが、商業登記簿の目的欄に貸金業の記述があることにより信用保証協会の保証対象外や銀行の融資対象外として見られることにもなりかねません。銀行から融資を受けるには、業種が銀行からの融資の対象外として見られる可能性があるかどうか、検討するところからはじめなければなりません。

◆ 反社会的勢力

次に反社会的勢力について。反社会的勢力とは暴力団、暴力団関係企業、総会屋などのことを言いますが、会社自体が反社会的勢力であれば融資は出ないのはもちろん、関わりを疑われるのもいけません。反社会的勢力と取引をしていて、関わりのある企業と見られることもあります。反社会的勢力に関われば銀行から融資を受けることは困難ですので、気をつけなければなりません。

また、労働問題や公害など、会社が社会に大きな問題を起こしていることを銀行が情報収集していて、融資に慎重になることがあります。

そもそもその会社が、今まで受けた融資を銀行に返済できず、銀行に貸倒れを出していれば、銀行から新たな融資を受けるのは困難となります。

これらのような、企業の背景は、銀行として懸念するところがあれば、いくら財務内容がよい会社であっても、融資を受けることはできなくなります。

(2) 代表者の背景

代表者の背景とは、代表者が過去に経営していた会社が銀行に貸倒れを出していないか、代表者は反社会的勢力に関わっていないか、表の代表者とは別に、裏に真の経営者がいないか、いればその事情は何か、などです。

代表者が過去に別の会社を経営していて、その会社で信用保証協会保証付融資を代位弁済（信用保証協会保証付で受けた融資が返済できずに信用保証協会が企業の代わりに銀行に支払うこと）していたり、日本政策金融公庫で貸倒れを出していたりすれば、今の会社も信用保証協会保証付融資、日本政策金融公庫の融資を受けることが困難となります。前の会社で貸倒れを出した銀行であれば今の会社でも、その銀行でプロパー融資を受けることが困難となります。

代表者が反社会的勢力である、もしくは反社会的勢力に関わっていれば、融資は受けられません。また犯罪歴があって、それが金融機関にわかってしまっても同様です。

また、代表者は配偶者や知人に就任してもらい、真の経営者が別にいる会社もあります。代表者が実際にその会社を経営しているかどうか、銀行や信用保証協会、日本政策金融公庫は代表者へのインタビューで見抜こうとします。その代表者が、その会社の事業内容を詳しく答えられないなど、本当の経営者であるか疑われ、もし裏に真の経営者がいるなら、なぜその人が代表者になっていないかを銀行等は気にします。

事情によっては銀行等は理解を示してくれる場合もあります。例えば真の経営者はどこかの企業で勤務していて、その会社との兼ね合いから自分が実際に経営する別の会社の代表者になれない場合などです。一方で、真の経営者が過去に経営していた会社で銀行等に貸倒れを出したことから、新しい会社では代表者を別に立てて真の経営者の存在をわからないようにしたという事情であれば、その真の経営者が過去に経営していた会社が銀行等に貸倒れを出した記録を調べられ、新しい会社は融資を受けることは困難となります。

このように、会社の財務内容がよくても、代表者の背景に問題あれば、その会社は融資を受けることができなくなります。

以上のように、企業の背景、代表者の背景によって、いくら会社の財務内容がよくても、融資を受けることはできなくなります。

そのため、企業や代表者の背景が融資審査へ与える影響度は100としました（104ページ）。

ここで言えることは、銀行等が疑念を抱くような要素はなくしておくことが重要、ということです。そのためには次のチェックポイントがあります。

☑ **業種**

業種は銀行等が融資の対象外とする業種でないか。
特に風俗関連業、金融業は注意。商業登記簿の目的欄にも注意する

☑ **反社会的勢力に関わっていないか**

反社会的勢力に会社でも個人でも関わらない。取引を行うのもダメ

☑ **会社の代表者**

きちんとその会社を経営できる人物が就く

☑ **社会問題**

労働問題や公害など、社会に問題を起こさないように気をつける。
もし起きてしまったのなら、その経緯と今後の対策について書面にして
銀行等に説明し、安心させる

☑ **犯罪**

経営者は犯罪を犯さない。スキを作らない

☑ **許認可が必要な業種であれば許認可を取得する**

☑ **事務所**

本社事務所を所有しているのであればその事務所の不動産登記簿、
本社事務所が賃貸であれば賃貸契約書を見られることがある。
それにより自分の会社がその事務所を使用している根拠を示せるようにする。
賃貸の場合で自分の会社が借主となっていないのであれば借主となるよう
貸主と交渉して書類を整備する

6-3 決算書が融資審査にどう影響するか

企業や代表者の背景は、融資を受けたい会社としては当然気をつけておかねばならない項目ですが、それを除けば、融資審査において最も影響するのは、決算書です。銀行の融資審査において、決算書が与える影響度は90としました（104ページ）。

決算書の内容が悪ければ、それだけ融資審査は大きく不利になります。そのため融資を受けたいのなら、日ごろからしっかり経営を行い、よい決算書となるようにしなければなりません。

融資をスムーズに受けるには、融資審査時に企業がとる行動よりも、日ごろからの準備のほうがより重要です。当然、粉飾決算はいけませんが、粉飾決算ではなくても、財務体質の改善、それと決算書の作り方の工夫により、融資を受けやすい決算書にしていくことはできます。

決算書の中心は、次の２つです。

・貸借対照表
・損益計算書

銀行員は、それぞれ、どういう見方をするのでしょうか。

（1）貸借対照表

貸借対照表では、何よりも純資産が重要となります。

貸借対照表の右下を見ると、「純資産」と書いてあります。

これはプラスの状態でなければなりません。

純資産は、**［総資産－総負債］**で計算されますが、これがマイナスということは、現時点で資産を全て売り払っても負債が残る状態となり、「債務超過」と呼ばれます。

純資産がマイナス、つまり債務超過の企業は、融資を受けるには大きく不利になります。

◆ 実質債務超過

また純資産がプラスであっても、決算書の資産科目をそれぞれ精査すると、資産として計上されている金額ほどの価値が、実際にはないことがあります。

例えば、支払ってもらえる可能性の低い売掛金は、そのぶん、資産価値は低くなります。

このように、貸借対照表で計上されているそれぞれの資産が、実態はどれだけの価値があるのか計算していくと、資産を合計した総資産の実際の価値が低くなることもあります。

表面上は純資産がプラスであっても実態の総資産に引き直した後の純資産がマイナスとなれば、それは「実質債務超過」と呼ばれるものとなり、この場合も融資を受けることに大きく不利となります。

純資産は必ずプラスにすることが、融資をスムーズに受けるために何よりも重要です（詳細は131ページ）。

◆ 自己資本比率

また、純資産の絶対額は大きければ大きいほど、それだけ財務体質が健全と見られます。

純資産を総資産で割った比率である「自己資本比率」が高ければ高いほど、財務体質は健全と見られ、それだけ融資は受けやすくなります。自己資本比率の理想は20％以上、最低でも10％以上はほしいところです。

◆ 借入金月商倍率

貸借対照表では純資産の次に、借入金の総額が重要となります。

貸借対照表の負債の部に計上されている短期借入金・長期借入金を合計したものが総借入金となりますが、この総借入金が、月商の何倍であるか、これは「借入金月商倍率」と呼ばれるものであり、その指標で、企業の借入金の水準を銀行に見られることになります。

例えば、年商が1億8,000万円、それを12ヵ月で割って月商が1,500万円、総借入金が4,500万円の企業は、**［4,500万円÷ 1,500万円＝3ヵ月］**となり、借入金月商倍率は3ヵ月となります。

不動産賃貸業等、業種によっては借入金が多くなるのが当然の業種がありますが、そのような業種を除き、一般に銀行は借入金月商倍率により、その会社はどれだけの借入金水準であるか、銀行は次の表のように見てきます。

借入金月商倍率による銀行の見方

借入金月商倍率	借入金水準の銀行からの見方
2ヵ月以内	少ないかちょうどよい
2～4ヵ月	やや多い
4ヵ月以上	多い

（2）損益計算書

損益計算書では、営業利益、経常利益が、まず銀行に見られます。

利益には他に当期純利益がありますが、当期純利益はその期特有の特別利益・特別損失によって大きく左右されるため、「企業が事業でどれだけ利益を稼ぐ力があるのか」を見る利益としては適しません。

例えば、経常利益が2,000万円あるのに、不動産売却損で△3,000万円を出したら、当期純利益はマイナスとなってしまいます。

そのため、当期純利益より営業利益・経常利益で、その会社がどれだけ利益を稼ぐ力があるのかを銀行は見ようとします。

◆ 営業利益と経常利益

「営業利益」は企業が事業でどれだけ稼ぐ力があるか、「経常利益」は企業が継続的にどれだけ稼ぐ力があるかを見ることができる利益です。

そしてこの営業利益と経常利益は、最低でもプラスであることが重要です。

融資の返済は、事業を行って得た利益から生み出される現金をもとに行っていくのが基本です。そのため利益は、銀行の融資審査においてとても重要なのです。

営業利益もしくは経常利益がマイナスであれば、その会社は利益を稼ぐ力がないことになり、返済の元手を生み出すことはできません。そのような状態で銀行は、融資をしても最後まで返済してもらえるか見通しが立たず、新たな融資を出しにくくなります。

また、営業利益・経常利益はプラスであるのは当然として、その絶対額が大きければ大きいほど、大きく利益を稼ぐ力がある企業と見られることになり、融資審査は通りやすくなります。

◆ 売上高に対する利益率

そして銀行は、売上高に対する利益率でも、その会社がどれだけ利益を稼ぐ力があるのか見てきます。営業利益を売上高で割った売上高「売上高営業利益率」、経常利益を売上高で割った「売上高経常利益率」で見てきます。売上高営業利益率の理想は５％以上、売上高経常利益率の理想は３％以上です。

◆ 銀行員は決算書をどう見るか

このように、貸借対照表では何よりも純資産、次に借入金月商倍率が、損益計算書では営業利益、経常利益が、銀行が特に見るポイントとなります。

これらの数値がよくなるよう、日ごろからよい経営を行うこと、毎月損益を算出し、よい決算書になるにはどうすればよいのか考えていくこと、これが銀行からの資金調達をうまく進めるための一番の王道となります。

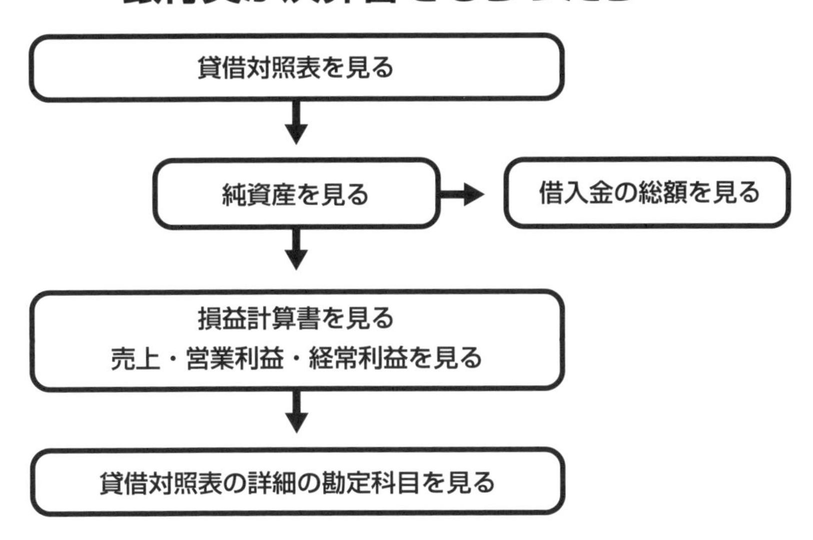

決算書においてまず銀行が重視するところを把握したら、次は決算書の詳細にも目を配っていきたいところです。銀行員が決算書をもらったら、前ページ図のように目がいきます。

貸借対照表の純資産は、総資産から総負債を引いたものです。総資産が8,000万円、総負債が6,500万円であったら、純資産は1,500万円となります。しかし総資産8,000万円のうち、資産価値がないものが2,500万円あったらどうでしょうか。

	決算書上	実質
総資産	8,000万円 （うち2,500万円の資産価値なし）	5,500万円
総負債	6,500万円	6,500万円
純資産	1,500万円	△1,000万円

決算書上は純資産が1,500万円あっても、実質純資産は△1,000万円となり、この会社は実質債務超過、つまり実質的に純資産がマイナスの会社となり、融資審査において不利となります。

そして実質的な純資産を見るために、銀行は貸借対照表の詳細の勘定科目を見ます。決算書の詳細が、銀行にどう見えるか、今後の融資審査を有利にするために気にしていきたいものです。

（3）貸借対照表の詳細の勘定科目の見られ方

貸借対照表とは、決算期時点で、会社の資産、負債状況がどうなっているかを表したものです。

119ページの例のA社は、卸売業、年商2億4,000万円、年間の仕入高は1億9,200万円とします。

ⅰ 現金

A社の現金は520万円となっていますが、これは決算日に会社に現金が520万円あったことになり、不自然です。そのぶんは、銀行は差し引いて見てきます。

現金勘定が多くなっている会社は多いものです。なぜそのような現象が起こるのか。よくあるのは次のようなケースです。

・経営者の役員報酬……月30万円、手取り25万円

・預金口座……毎月25万円を会社から経営者個人の預金口座に給与振込みしている

・キャッシュカード……会社の預金口座のキャッシュカードは経営者が保有し、いつでも経営者が現金を引き出せる状態

・現金の使い道……その経営者が生活費を月50万円使おうとし、個人口座に預金がないのであれば、その経営者は会社のキャッシュカードで現金を引き出し、生活費に充てる

・仕訳……会社の預金口座から現金を引き出す行為は、仕訳は**[(借方)現金（貸方）預金]**となる。この経営者は生活費50万円から役員報酬手取り25万円を引いた25万円の現金が足らないので、1ヵ月で

25万円を会社の預金口座から引き出す。
そうすると仕訳は**[(借方)現金 250,000円(貸方)預金 250,000円]**となり、会社の貸借対照表では、現金勘定が25万円ずつ増えていくことになる。年間では300万円増える。

管理がしっかりしている会社では、現金出納帳を作り、そこで会社の現金の入出金を管理しています。キャッシュカードで現金を引き出したら会社の金庫に入れ、経営者が個人の生活費や遊興費などに会社の現金を使えるような管理にはなっていません。

生活費や遊興費は、経営者であっても個人で得た手取りの給与からまかなうべきです。

このようにしていけば、現金勘定が多くなって銀行に疑念を持たれることにはなりません。

現金出納帳も作らず、経営者がキャッシュカードを持っている場合、会社のお金と経営者個人のお金を混同している場合が多いです。

本来なら経営者個人の生活費は自分の給与の手取りからまかなうべきです。会社のお金をいつでも引き出せるため、経営者が多くの現金を引き出してしまい、資金繰りが厳しくなっているパターンをよく見ます。

ii 預金

決算日に各銀行に預金残高がいくらあったか、銀行で発行される残高証明書で証明されます。銀行によっては、預金の勘定科目内訳書（決算報告書に付随する、各勘定科目の内訳が書かれたもの）に記載の各銀行の預金残高が、残高証明書と合っているか確認することもあります。

A社　貸借対照表　2016年9月30日現在

科目	金額
【流動資産】	**99,300,000**
現金	5,200,000
預金	18,800,000
売掛金	34,800,000
商品	24,800,000
立替金	2,500,000
前払費用	6,300,000
短期貸付金	5,900,000
未収入金	1,200,000
貸倒引当金	-200,000
【固定資産】	**19,640,000**
【有形固定資産】	**13,880,000**
建物附属設備	400,000
構築物	200,000
車両運搬具	11,000,000
工具器具備品	2,280,000
【無形固定資産】	**150,000**
電話加入権	150,000
【投資その他の資産】	**5,610,000**
出資金	30,000
敷金	700,000
差入保証金	2,230,000
長期前払費用	2,400,000
保険積立金	250,000
【資産の部合計】	**118,940,000**

科目	金額
【流動負債】	**48,400,000**
買掛金	12,450,000
短期借入金	15,100,000
未払金	1,600,000
未払法人税等	150,000
未払消費税等	9,600,000
前受金	3,200,000
預り金	3,300,000
仮受金	3,000,000
【固定負債】	**60,400,000**
長期借入金	60,400,000
【負債の部合計】	**108,800,000**
【資本金】	**5,000,000**
資本金	5,000,000
【資本剰余金】	**0**
資本準備金	0
【利益剰余金】	**5,140,000**
利益準備金	0
その他利益剰余金	5,140,000
別途積立金	0
繰越利益剰余金	5,140,000
【純資産の部合計】	**10,140,000**
【負債・資本の部合計】	**118,940,000**

iii 売掛金・受取手形

売掛金は、月商、つまり月平均売上高に対して何ヵ月ぶんの金額であるか、銀行は気にします。

事例のA社では、年商2億4,000万円、月商2,000万円ですが、売掛金3,480万円ですので、**[売掛金3,480万円÷月商2,000万円＝1.74ヵ月]** となります。

つまり月商に比べて1.74ヵ月ぶんもの売掛金を保有しています。経営者からのヒアリングで、売掛金回収は末日締め翌月末回収がほとんどであると銀行が聞いていれば、そこから計算すると本来の売掛金は月商1ヵ月ぶんの2,000万円あたりになるはずなのに、なぜ多いのか疑念を持ちます。

回収できない売掛金の存在や、架空の売掛金を疑います。そして売掛金の勘定科目内訳書を見ます。

売掛金の勘定科目内訳書の見方

項目	銀行による見方
各売掛先	それぞれの売掛先が倒産していないかを興信所情報などで調べる
ある売掛先の前の決算時の売掛金残高が、今回の決算の売掛金残高と変わっていない 例：売掛先B社 27年9月売掛金残高4,630,000円 28年9月売掛金残高4,630,000円	その売掛先からの回収が滞っているのではないかと見てくる
売掛金のその他の欄がとても多い 例：売掛先 C社 1,200,000円 D社 800,000円 E社 500,000円 F社 350,000円 その他　9,500,000円	その他の売掛金のほとんどが架空なのではないかと見てくる

それぞれの売掛金の先が、倒産した会社でないか、前の期の売掛金残高から動かず滞っているのではないか、内訳書のその他の欄が多ければ架空の売掛金がたくさんあるのではないか、などを銀行は考えます。

銀行は、あらかじめ売上の締め日から回収日までの期間を、経営者からのヒアリングなどにより把握しているものです。その期間より、月商に比べた売掛金が明らかに多かったら、銀行はなぜなのか、聞いてくることが多いです。企業としては、回収できない売掛金や架空の売掛金がないかぎり、その理由は説明できるものです。

「決算月の売上高が多くなり、売掛金が多くなった」
「決算日は日曜日であり、翌月の1日に売掛金が多く入ってきたため売掛金が多くなった」
など、理由があれば説明して、銀行の疑念を払しょくしておくようにします。

ⅳ 棚卸資産

貸借対照表では、棚卸資産は、商品・製品・半製品・仕掛品・原材料・貯蔵品などで表記されます。
棚卸資産の金額は、年間仕入高や年間製品製造原価を月平均にして、その何ヵ月ぶんあるかを銀行は見ます。またそれが、業界平均に比べて多いかどうかを銀行はチェックして、多ければ、銀行はその原因を探ります。

例のA社は、年間仕入高1億9,200万円、月間仕入高1,600万円、対して商品勘定は2,480万円のため、**[2,480万円÷1,600万円＝**

1.55ヵ月分】となります。これが業界平均に比べてどうか、銀行は見てきます。

例えば、スーパーマーケットは、商品が在庫となってから売れるまでの平均が10日もないのが普通であり、商品勘定が月間仕入高の1ヵ月や2ヵ月分もあれば、銀行は、在庫過多なのか、売れ残りがいっぱいあるのか、それとも架空在庫なのか、疑念を持ちます。

自分の会社の業界平均を調べ、自社の貸借対照表にある棚卸資産勘定と比べてどうなのかを経営者は気にしておきたいものです。

業界平均に比べて多かったら、その理由を分析して銀行に伝えるようにします。

v 未収入金・未収収益・前払費用

これらの勘定は、金額が大きくなれば銀行から目をつけられやすい勘定科目です。銀行はこれらの科目の勘定科目内訳書で、その内訳がどうなのかを見てきて、金額が大きいものは、その要因を聞いてきます。答えられるようにしておきましょう。

vi 貸付金（短期貸付金・長期貸付金）・立替金・仮払金

これらの勘定は、特に銀行は注意深く見てきて、場合によっては融資を断られる大きな要因となってしまう勘定科目です。

例えば、次のようになっていたとします。

（例1）仮払金5,400,000円
→内訳代表取締役G 3,300,000円　従業員H 2,100,000円
（例2）貸付金35,000,000円
→関係会社Ｉ　28,000,000円　代表取締役Ｊ 7,000,000円

このように、貸付金・仮払金・立替金などで外へお金が流れていると、資金調達においては、次の２つの問題が起きます。

・銀行からの評価が低下し、融資が受けにくくなる
・資金使途違反に見られる

◆ 銀行からの評価が低下し、融資が受けにくくなる

貸借対照表に計上されている資産は、資産価値があってこそ、その金額通り評価されるものです。会社に返ってこない貸付金・仮払金・立替金は、資産価値がないものと銀行から見られてしまいます。

例１では代表取締役Ｇと従業員Ｈに仮払金として支払っている金額が返ってくる見込みがなければ、仮払金 540 万円の実態価値は０円と見られます。

例２では関係会社Ｉへの貸付金がありますが、この場合、銀行は、融資審査において関係会社Ｉへの貸付金 2,800 万円はその資産価値があるのかどうかを見てきます。

そのため関係会社Ｉの決算書を提出するよう銀行から要求されるケースが多いです。関係会社Ｉの決算書を見て、そこからお金が返ってくる見込みがないと銀行から見られてしまえば、この 2,800 万円の実質価値は０円と見られます。

実質的な純資産がそれだけ少なくなり、場合によっては実質債務超過ともなってしまいます。そうなると、融資審査が大変厳しくなってしまいます。

◆ 資金使途違反に見られる

そもそも、なぜこのような貸付金・仮払金・立替金が発生するのか。

次のケースが考えられます。

・経営者や従業員、関係会社でお金が必要となり、本体の会社から貸付けを行った
・経営者がバックマージンを取引先に支払う必要があり、それを経理処理できないから経営者への貸付けとした
・会社と経営者のお金が混同されていて、会社から持ち出した現金を経営者個人の生活費などに使い、後の経理処理で経営者個人への貸付金として計上した（前述の、経営者が会社の現金を引き出して増えてしまった現金勘定を決算時に経営者への貸付金へ振り替えたケース）

いずれも、銀行が納得しそうな理由ではありません。また本体の会社に返済される裏づけもありません。

このように、貸付金・仮払金・立替金に計上される金額は、それが発生する経緯が銀行にとって疑念を抱きやすいものですし、会社に返ってくる見込みも少ないとみなされ、銀行はこれら資産の実質価値を０円と見ることが多いです。

さらに、銀行からの借入金がある企業の場合、例えば例２では、貸付金が3,500万円ある一方で、銀行からの借入金が8,000万円あったとします。

すると、次ページ図のように、銀行は「もしかして融資した資金は、関係会社や社長に、又貸しされたのではないか」という見方をしてくるかもしれません。

このように見られると、融資を出した銀行は、「企業が運転資金を確保したいと言うから融資を出したのに、運転資金に使われず関係会社や社長個人の私用で資金を使われてしまった」と判断しかねません。

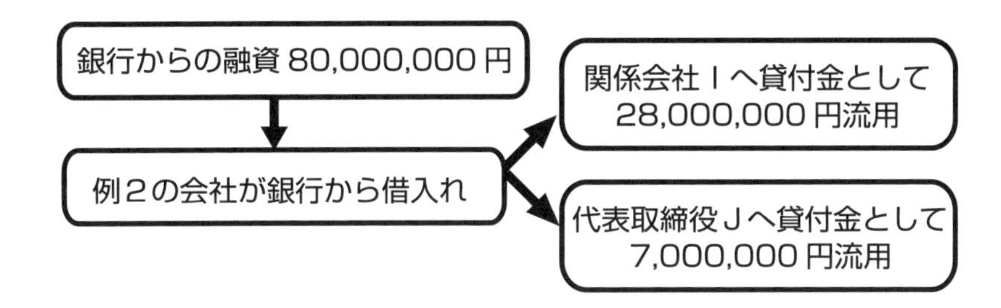

銀行は、企業から融資を申し込まれたら、その資金の使い道を必ず聞きます。それは「資金使途」と呼ばれるものです。

銀行では、又貸しのための融資は行いません。なぜなら関係会社や経営者個人が借りたいのなら、関係会社や経営者個人が銀行から直接借りるべきだからです。

しかし関係会社や経営者個人で融資を受けづらいのなら、融資を受けやすい会社で資金を調達してそれを関係会社や経営者個人に回せばよいという安易な考えをしてしまう経営者が多くいます。

ただ、実際にそれをやってしまうと、このように決算書にはっきりと現れます。それを見た銀行は、融資を出した資金をこの会社は関係会社や経営者個人への貸付けとして流用した、と見てきます。それがはっきりすると資金使途違反となります。

資金使途違反とは、銀行に融資申込時に伝えた資金使途とは別の用途に、融資で出た資金を使ったことを言います。

資金使途違反を行った会社に銀行は厳しいです。新規融資を受けることが困難になります。とても気をつけておきたいところです。

vii 有形固定資産

有形固定資産には、土地、建物、建物付属設備、車両運搬具、工具器具備品、機械装置などがあります。
会社で保有している土地があると、銀行はその時価評価を気にします。含み損失がどれくらいあるのかということです。
もし時価評価すると逆に土地に含み益があるのであれば、路線価図等の資料を持参し、銀行にアピールしたいものです。

また預金を豊富に持つ代わりに、土地・建物等の有形固定資産を多く持ってしまうと、貸借対照表において流動資産が少なく、固定資産が多くなります。
銀行は、融資先企業の決算書を分析してそれぞれの企業に信用格付をつけています。
その中でよく使われる財務指標である**「当座比率（＝当座資産÷流動負債）」「流動比率（＝流動資産÷流動負債）」**の数値が悪くなってしまいます。
また、土地・建物を購入するために借入れをしていたら、借入金の金額も多くなってしまいます。そうなると、信用格付でよく使われる財務指標である「債務償還年数（現在の負債を、今の利益から見て何年で返せるか）」の数値も悪くなってしまいます。

このように有形固定資産を多くしていると、銀行からつけられる信用格付は悪くなっています。そのため、有形固定資産はできるだけ持たない経営を心がけたいものです。
例えば、必要もないのに世間への見得だけで本社事務所を自社で構えようとしないことです。

もし自社で保有する必要がない有形固定資産を抱えているのであれば、売却を考えるのも１つの方法です。売却を行い、その資産が銀行の担保に入っていれば借入金の返済を行うしかありませんが、担保に入っていなければ預金として保有しておくようにします。

またその固定資産を外部へ売却して、売却先から賃借して使い続ける「リースバック」という方法もあります（詳しくは227ページ）。

なお有形固定資産の多くは、毎期減価償却を行いますが、それを行っているかを銀行は見てきます。減価償却を行っていなければ、そのぶんを償却不足として銀行は資産から差し引いて見てきます。

viii 無形固定資産・投資その他資産

無形固定資産は、貸借対照表の中で占める割合は少ない会社が多いですが、一方で無形固定資産勘定の中のソフトウェア勘定など、多くの資産をここで計上している会社があります。

その場合、本当に資産としての価値があるのか、銀行は見てきます。そして毎期、償却しているのかを見てきます。

投資その他資産では、出資金、敷金、差入保証金、長期前払費用、保険積立金、があります。その中で銀行がよく見てくるのは、出資金です。多くの出資金が関係会社向けに計上されていれば、それが資産として見ることができるのか、銀行は見てきます。

その関係会社の決算書を要求してくることもあります。その関係会社が債務超過であれば出資金の資産価値はないものと見てきます。

他、敷金、差入保証金、保険積立金等、企業によってはここで架空のものを計上していることもあるため、それぞれが実態あるのか、銀行は見てくることもあります。

ここまでは貸借対照表の資産科目を見てきましたが、次からは負債科目を見ていきます。資産の場合、計上されている金額通りに資産価値があるのか銀行は見てくるのですが、一方で負債の場合は、計上しないほど、負債金額が少なくなります。

例えば買掛金は、本当は5,000万円あるのに、決算書では3,500万円と計上していれば、決算書上の総負債はそれだけ少なくなり、結果、純資産は多くなります。

資産では、計上されている金額が本当にそれだけ価値があるのかを銀行は見てきますが、負債は計上されていないもの（簿外債務）が実際は存在するのかを見なければならず、銀行としてはそこを見破るのはなかなか難しいものです。

ⅸ 買掛金

買掛金が、年間の仕入高を12ヵ月で割った月平均仕入高に比べて何ヵ月ぶんあるかを見てきます。例のA社では、年間仕入高1億9,200万円、12で割って月平均仕入高1,600万円、買掛金1,245万円であるので、**[1,245万円÷1,600万円＝0.78ヵ月]**となります（119ページ）。

銀行は、経営者からあらかじめ聞いていた、締め日と支払日の数値が整合性がとれているかを見てきます。

例えばA社が、月末日締め翌月末日支払いであれば、買掛金は月商の1ヵ月ぶんであることが通常であり、それより少ないのであれば決算書に計上していない買掛金があるのではないか、と銀行は考えるかもしれません。実際に買掛金が少ない理由があるのであれば、銀行に説明しておきたいものです。

「決算月の仕入れは少なかったため、買掛金も少なくなった」

など、理由を銀行に説明してください。

なお買掛金の場合、逆に多いことも、銀行は気にします。例えば月末日締め翌月末日支払いの会社が、買掛金が３ヵ月ぶんある場合です。
買掛金が多くなる理由でよくあるのは次の３つです。

① 決算月の仕入れが多く、買掛金が多くなった
② 決算日が土日（銀行休業日）で、翌月のはじめの平日に支払いを行った
③ 資金繰りが厳しく、買掛先に支払いを待ってもらっている

①、②の理由の場合は、堂々と銀行に説明すればよいですが、③の場合、理由を説明すると、銀行からは資金繰りが厳しい企業であると見られてしまうことにもなりかねません。

買掛先に未払いを出して迷惑をかけないように、資金繰り管理を行い、運転資金の融資を銀行からしっかり受けていきたいものです。

x 未払金・未払費用・未払法人税等・未払消費税等・預り金

仕入高の数値と比較される買掛金と違い、何かの科目と比較されることもない科目ですが、ここで特に目立ちやすいのは、社会保険料や税金の未払いです。

年金・健康保険料は毎月一定金額を支払いますが、その未払いが多くなってしまうと、未払いの年金・健康保険料が多くなってしまいます。これは未払費用や預り金で計上されます。

また法人税や消費税などの税金も同じです。これらは決算期の２ヵ月後が納期限として支払額が決まっているのを未払法人税等や未払消費税等で計上するものですが、過去に納期限が到来していたものを支払っていないと、これらの未払いが多くなってしまいます。

銀行は、年金・健康保険などの社会保険料、税金の滞納を嫌うものです。ここが、未払金・未払費用・未払法人税等・未払消費税等・預り金の勘定科目で、最も気をつけなければならないところです。

xi 前受金・仮受金

売上が計上される前に、売上先から入金となったものが前受金となります。また仮受金は、入金があったが適切な勘定科目が未定である場合、一時的に計上しておく科目です。

銀行からつっこまれることは少ないですが、その内訳については確認しておきたいものです。

xii 短期借入金・長期借入金

銀行や個人からの借入金は、ここで計上されます。１年以内に返済するものを短期借入金、１年を超えて返済するものを長期借入金に計上します。

固定負債の勘定の１つである長期借入金で計上できるものを、流動負債の勘定の１つである短期借入金に計上しないようにします。

信用格付でよく使われる財務指標である**「当座比率（＝当座資産÷流動負債）」「流動比率（＝流動資産÷流動負債）」**の数値をよくするためです。

この勘定科目で特に気をつけなければならないことは、ノンバンクからの借入れです。銀行や信用保証協会、政府系金融機関は、ノンバンクから借入れしている企業への融資審査を厳しくします。

ノンバンクからの借入れがあるのなら、決算日時点だけでも返済しておけないかを考えます。ノンバンクからどうしても借りる必要があるのなら会社で借りるのではなく経営者個人で借りる方法を考えます。

個人向けのノンバンクによる融資には、ノンバンクの保証がついた銀行のカードローン、ノンバンクのカードローン、消費者金融等があります。

会社の運転資金に使いたくても、経営者個人として借り、会社に貸付けすれば、決算書では経営者からの借入金として計上されます（詳細は10章）。

また役員ではない個人や、別の会社からの借入金があれば、その個人や会社との関係を聞かれます。その個人や会社が反社会的勢力であったり、社会に問題を起こしていたりすれば、銀行はそのような個人や会社と関係を持っていることを厳しく見てきます。それで融資が受けられなくなることも多くあります。

（4）純資産を厚くする

貸借対照表の右下にある純資産。これはマイナスであれば債務超過となり銀行からの融資審査がとても厳しくなること、プラスであればその絶対額が大きければ大きいほどよいことは、前に述べました。

純資産を厚くするには、利益を上げて配当や役員賞与で流出させず純資産の追加として残す（「内部留保」と言う）、もしくは意図的に資本金を増やす方法があります。

ここでは純資産を厚くするために、資本金を増やす方法を説明します。資本金を増やすことを「増資」と言います。

増資には、資金を会社に入れることによる増資、借入金を振り替えることによる増資とがあります。

例えば経営者個人で預金を1,000万円持っているのなら、それを会社に入れて資本金を増加させ、増資とします。ベンチャーキャピタルや投資家、知人など、外部から資金を入れる方法もありますが、その分、経営者など今の株主の持ち株比率が下がり、経営に自由が利かなくなってくるため、外部から増資を行うならそのメリット・デメリットを充分に考えたいものです（47ページ）。

また、会社に経営者からの借入金がある場合、その借入金を資本金に振り替える増資の方法があります。

次の例では、増資前は純資産△500万円の債務超過状態で、一方で経営者からの借入金が700万円ありました。その借入金を増資に充てると、資本金が300万円から1,000万円へ増えたぶん、純資産は200万円となり債務超過を脱することができました。

経営者からの借入金を増資に充てると……

増資前		増資後	
経営者から借入金	7,000,000円	経営者から借入金	0円
⋮		⋮	
純資産	△5,000,000円	純資産	2,000,000円
（うち資本金）	3,000,000円	（うち資本金）	10,000,000円

債務超過は、融資審査を大きく不利にします。資本金に振り替えられる借入金があるのなら、早く振り替えたほうがよいです。新しい決算書ができたら、その後1年間はその決算書で融資審査をされるため、決算期が近くに迫っているのなら早く動いたほうがよいです。

経営者からの借入金は資本金とみなしてくれる銀行もありますが、ただそれは銀行の考え方1つであり、それを期待して増資をしないのではなく、やれることはすぐにやっておいたほうがよいです。

増資については、司法書士に相談します。また税務上の問題が起こることもありますので、あらかじめ税理士に相談しておくとよいでしょう。

（5）損益計算書の見られ方

貸借対照表ではそれぞれの資産の価値、計上されていない負債の有無といったところを銀行に見られますが、損益計算書では前の期に比べて損益がどう変化したか、今後、経営者はどうしていきたいのか、を見られます。

損益計算書を見ての銀行員との会話で、質問にろくに答えられないと、この経営者は損益を見て経営しているのか、銀行員は不安になります。きちんと答えられるようにしておいてください。

損益計算書の例　2015年10月1日～2016年9月30日

科目	金額
売上高	557,737,000
売上原価	480,681,000
売上総利益	77,056,000
販売費一般管理費	
役員報酬	9,000,000
給料手当	8,244,000
賞与	860,000
退職金	320,000
法定福利費	5,576,000
福利厚生費	162,000
旅費交通費	2,037,000
通信費	1,235,000
交際費	1,094,000
減価償却費	3,780,000
賃借料	3,387,000
保険料	1,695,000
修繕費	748,000
水道光熱費	1,445,000
燃料費	1,066,000
消耗品費	564,000
租税公課	296,000
運賃	48,000
事務用品費	65,000
広告宣伝費	349,000
支払手数料	1,180,000
諸会費	173,000
地代家賃	12,840,000
会議費	2,000
雑費	2,372,000
計	**58,538,000**
営業利益	**18,518,000**
営業外収益	2,421,000
営業外費用	8,921,000
経常利益	**12,018,000**
特別利益	0
特別損失	2,100,000
税引前当期純利益	**9,918,000**
法人税等	3,628,000
当期純利益	**6,290,000**

損益計算書で銀行から質問が来るポイントは、次のところです。

・前の期の決算書と比較して、売上高の増減はどうか。その増減の原因はどこにあるか
・前の期の決算書と比較して、売上総利益率（売上総利益÷売上高）の変化はどうか。その変化の原因はどこにあるか
・営業利益・経常利益の金額の増減、売上高に比べた営業利益率・経常利益率の増減はどうか。その増減の原因はどこにあるか
・販売費・一般管理費の各勘定科目について、増加、減少の状況はどうか。ムダな経費はないか

（6）営業利益・経常利益をよくする

営業利益・経常利益はプラスであること、そして絶対額が大きいほど融資審査に有利になることは前に述べましたが、少しの工夫で、営業利益・経常利益は改善することがあります。

損失は、特別損失に計上するのが可能であれば売上原価や販売費及び一般管理費、営業外費用に計上せずに特別損失に計上すると、営業利益・経常利益はよくなります。

特別損失とは、企業が通常の事業活動以外で、特別な要因で一時的に発生した損失のことを言います。例えば不動産売却による損失、地震などの災害による損失、労働争議・訴訟などによって発生する損失などです。これら、特別損失に計上するのが可能な損失は、特別損失で計上できないか、考えたいものです。

一方で特別利益に計上しようとする収益は、売上や営業外収益に計上できないか、考えてみます。このように工夫することで、損益計算書の内容はよくなるものです。

以上、銀行の融資審査に大きな影響を与える決算書について、銀行が見るポイントを述べました。

決算書の、融資審査に与える影響度は90もあります（104ページ）。融資を受けやすい決算書にするには、日ごろからの経営が重要であり、また粉飾決算ではなくても決算書の見え方に工夫の余地があることはわかっていただけたのではないでしょうか。

一方で、すでに決算書の内容が悪くなり、銀行から融資が受けづらくなっている企業もあります。そのような企業は、他の部分で挽回するしかありません。決算書の内容が悪い企業が融資を受けるには、決算書の影響度は30として、他の項目で融資を出やすくする必要があり、その一番目の手として、「資金使途」があります。資金使途の影響度は、通常の融資審査でも60ありますが、決算書の内容が悪い会社ではその影響度を90として、資金使途により銀行を説得します。

次の項では、資金使途について見ていきます。

6-4 資金使途が融資審査にどう影響するか

資金使途とは、融資で受けた資金を何に使うか、ということです。資金使途は、融資を申し込んだ際に必ず銀行から聞かれます。

なぜなら、融資で出した資金は、会社が事業を行っていく上での運転資金や設備資金に使うべきであり、融資を受けることによって事業をスムーズに回す、もしくは成長させていくべきだからです。

そして会社は事業で利益を上げ、その利益を元手に銀行に返済を行うことができます。

それが、例えば運転資金で融資を出した資金が経営者個人に渡ってしまい、経営者の個人の趣味に全て使われてしまったらどうでしょう。

それでは融資で出た資金が事業に何の役にも立たないため、融資で出した資金から利益は全く生まれず、一方で借入金が増えて、返済が困難となる事態が目に見えています。

銀行の融資審査には、決算書の内容はもちろんですが、資金使途もかなり影響してきます。

資金使途を銀行に納得させることができなかったら、いくら財務内容がよい、業績がよい企業でも融資を受けることは困難です。

そして融資で出た資金は、必ず事業のために使うことが求められます。

（1）運転資金と設備資金

資金使途は、大きく運転資金と設備資金とに分けられます。

「運転資金」とは、事業を行っていくにあたって必要な資金のことを言います。現金で商品を仕入れて在庫となり、それが売れて売掛金となり、場合によっては受取手形で回収し、売掛金や受取手形が現金で回収されることになります。

［在庫→売掛金→受取手形］ の間は企業は現金を保有せず、立て替えている期間です。そのぶん、現金がなくなるため、そこに資金需要が発生します。

これが運転資金の典型例ですが、他に、建設業などでよく見られる、工事の外注費や材料費の支払いが先に発生し、工事代金の入金が後になるその間の運転資金、季節によって売れる時期や売れない時期がある商品を取り扱うことによる在庫を備蓄しておくための運転資金など、いろいろなタイプの運転資金があります。

設備資金とは、事務所や工場、店舗などを建てるための建築資金や土地購入資金、工場や店舗の機械設備などを購入するための資金など、設備投資を行うための資金です。

これら、運転資金や設備資金としてなぜ融資を受ける必要があるのかを把握して、銀行に説明できると、融資を受けることに近づくことができます。次からは、いろいろな資金使途について見ていきます。

（2）経常運転資金

商品を仕入れると現金を支払って在庫に変わり、それを売るとすぐの現金回収でなければ売掛金になります。その後、売掛金を現金で回収することになりますが、それまでは現金が在庫や売掛金に化けているため、企業はその間、そのぶんの現金を保有しないことになります。そうすると現金は少なくなるため、それを補うための資金を「経常運転資金」と言います。経常運転資金は、次の計算式で計算されます。

（売掛金＋受取手形＋棚卸資産）－（買掛金＋支払手形）

この経常運転資金は、企業の商売のサイクルである、**[棚卸資産（在庫）→売掛金→受取手形]** の間に立て替えている金額となります。商売上の裏づけがあります。一方で買掛金・支払手形は、企業が逆に立て替えてもらっている金額ですので、それを引いた金額が、単純に企業が商売上、立て替えている金額となります。

企業は資金を立て替えているため、どこかからそのぶんの資金を調達してこなければなりません。そこで銀行から融資を受ける必要が出てきます。

融資の出し方は、分割返済がない（「コロガシ」と言う）手形貸付、長期返済の証書貸付、受取手形があれば手形割引の形があります。

手形貸付の場合、返済期日は１年以内の一括返済と設定され、業績が悪化するなどで融資審査が通らないことがないかぎり、その返済期日に、返済後すぐに同条件で融資実行されます。それを返済期日ごとに繰り返すため、「コロガシ」と言われます。

ただ、この場合の手形貸付での融資は返済期日まで銀行への分割返済が発生しないので、銀行からの評価が高い企業でないかぎりは、長期返済の証書貸付の形で融資されることが多いです。

（3）増加運転資金

「増加運転資金」とは、前項の経常運転資金の応用です。次のような理由から、経常運転資金として必要な金額が増加し、それに伴い融資を受ける必要が出てきます。

- 売上高の増加により、売上債権（売掛金＋受取手形）や棚卸資産の増加が、買入債務（買掛金＋支払手形）の増加を上回り、経常運転資金として必要な金額が増加した
- 売上高は一定だが、取引先の事情などで売上債権の回収期間が長くなったり、買入債務の支払期間が短くなったりしたため、経常運転資金として必要な金額が増加した

増加運転資金として銀行に融資を申し込む場合、これらの理由により融資が必要となることを、数値を用いてシミュレーションを行い、銀行に説明するとよいでしょう。

（4）つなぎ資金

つなぎ資金は、一時的な運転資金不足を補てんするために融資を受けるものです。例えば、一時的に仕入が多くなったが月末には売上代金の入金が多くなるため、それまでの期間、一時的に融資を受けておく、というようにです。

つなぎ資金の融資は手形貸付にて行われます。期日一括払い、もしくは２～３回の分割返済で、売掛先からの入金が多くなる日を返済日と決めます。完済まで数週間～数ヵ月程度の短い返済となります。

つなぎ資金の融資を受けるには、銀行に、売掛先からの入金が多く発生する日の証拠として、契約書や注文書、請求書の控えなどで、説明することが必要です。また資金の支払い、入金計画を次ページのような表にして銀行に説明するとよいです。

入金計画例

日付	今回のプロジェクトにおける資金繰り			融資検討		
	支払い	入金	立替	調達(+) 返済(−)	融資残高	融資導入後資金繰り
28年9月30日	3,900,000		**△3,900,000**	4,000,000	4,000,000	100,000
28年10月31日	1,900,000		**△5,800,000**	2,000,000	6,000,000	200,000
28年11月15日		2,500,000	**△3,300,000**	**△2,000,000**	4,000,000	700,000
28年12月15日		4,000,000	700,000	**△4,000,000**	0	700,000
29年1月15日		2,000,000	2,700,000		0	2,700,000
29年2月25日		1,500,000	4,200,000		0	4,200,000

支払いと入金のズレにより、立替が発生し、それを融資により補填できればと考えております。上記表より、下記の条件の融資をご検討ください。

1.9月30日　400万円実行　→　11月15日　200万円返済・12月15日　200万円返済
2.10月31日　200万円実行　→　12月15日　200万円返済

（5）季節資金

在庫備蓄・仕入などで支払いが多い時期と、販売と代金回収で入金が多い時期がはっきり分かれている業種があります。

そういった業種では、現金が多くなる時期と少なくなる時期も分かれます。資金が不足する時期に融資を受け、資金が多くなる時期に融資の返済を行う、その資金使途を「季節資金」と言います。

例えば、次ページの表は、衣服製造業において、6月・7月・8月に在庫を備蓄して収入よりも支出が上回り、在庫を販売して回収が9月・10月となるパターンです。

季節資金の融資を受けたい場合、在庫備蓄計画と販売計画を作り、

季節資金の考え方
衣服製造業の例（５月末時点での現金残高を０円する）

（単位：万円）

	収入	支出	融資を受けない場合の現金残高	融資	融資	融資	融資後残高
				１回目	２回目	３回目	
６月	1,300	3,800	△2,500	3,500			1000
７月	2,500	7,100	△7,100	↓	4,500		900
８月	2,100	4,200	△9,200	↓	↓	2,000	800
９月	9,500	4,800	△4,500	返済	↓	↓	2000
10月	8,900	3,500	900		返済	返済	900

そこから資金繰り予定の表を作ることによって、融資を受けない場合に現金残高はどうなるかと、いつ・いくら融資を受けたいかを示します。

支出が多くなり資金不足となる時期に融資を受け、収入が多くなる時期に返済を行うよう、季節資金の融資を受ける計画を示します。

上の表の会社は、６月に季節資金3,500万円を返済期間３ヵ月で融資を受け、同じように ７月に4,500 万円を返済期間３ヵ月で、８月に 2,000 万円を返済期間２ヵ月で融資を受けます。

なお、過去の年にも季節資金の融資を受けた実績があれば、銀行はその企業の、季節による現金の増減のパターンをつかんでいるため、それを見て融資審査は通しやすくなります。

（6）納税資金

企業が法人税等を納付する時期は、決算日の２ヵ月後です。また、その金額によっては中間納税が期の途中に発生します。

利益が大きい企業は、それだけ納税する金額が大きくなります。その時、定期積立などにより納税資金を準備していればよいのですが、そうでなければ、融資により資金を調達することができます。

納税資金の融資は、通常は返済期間6ヵ月です。納税資金の融資は使い道がはっきりしていて、かつ税金の支払いが多い企業は利益の出ている企業であることから、銀行の審査が通りやすい融資です。

納税資金は納付期限までに融資を受けられなければ、滞納となりますので必ずその日までに融資を間に合わせる必要があります。

しかし期限ギリギリまで法人税等の金額がわからないものです。この場合、顧問税理士に依頼して、どれぐらいの納税が発生するか、おおよその金額を出してもらい銀行に交渉します。

また融資実行前には税金金額確定後の資料による、納税金額の確認が行われます。

なお法人税等ではなく、消費税の支払いのための場合、納税資金の融資は出さない銀行が多いです。そもそも消費税を支払うための現金は、売上先からの預り金の性質があります。銀行の考え方は、消費税支払いのための現金は預り金として企業が確保しておくことが当然であり、消費税の納税資金の融資はあるべきではない、というものです。

ただ、それでも、消費税の納税資金の融資を出す銀行も中にはあります。

(7)賞与資金

従業員にまとまった賞与を支払うと、そのぶん、手もとの現金が少なくなります。それを防ぐために受ける融資を「賞与資金」と言います。

例えば、6月と12月に賞与がある会社で、6月に600万円を支払うとします。
その支払いにより現金が少なくなるため、賞与資金として銀行から融資を受けます。この場合、返済期間は次の賞与の時期である12月までの6ヵ月。6回払いで100万円ずつ、返済を行っていきます。

(8) ハネ資金

資金使途の1つに、「ハネ資金」と呼ばれるものがあります。
資金使途として表向きには認められませんが、暗黙の了解として銀行が認めているものです。これは、長期返済の証書貸付として融資を受けたものの、毎月の分割返済により現金が減少、つまり返済の元手の減少が進んでおり、そのまま返済を続ければ現金が尽きてしまう、そのような企業に現金残高を回復させるよう融資を行うことです。
銀行では長期返済の融資をする時、企業がキャッシュフローの範囲で返済できるかを、融資審査時にチェックします。キャッシュフローは、正確にはキャッシュフロー計算書を作って計算するものですが、簡易的に次の計算式で計算されます。

キャッシュフロー ＝ 税引後当期純利益 ＋ 減価償却費

年間のキャッシュフローが融資の分割返済額の1年ぶんを上回っていると、融資返済は、企業が事業活動によって得た現金内で全てまかなえると考え、融資審査は通りやすくなります。しかし、そんな企業はなかなかありません。
銀行の担当者は、実際はハネ資金の融資の稟議書に
「この企業はキャッシュフロー内で返済できないが、他行の支援状況から、将来の返済は問題ない」

と書きます。つまり、企業が融資返済を進めることにより現金が少なくなってきた時でも、他行が再びこの企業に融資をして現金残高を回復させてくれると思われるから大丈夫、ということを稟議書に書きます。

もちろん、稟議書では資金使途を、直接「ハネ資金」とは書きません。今ある融資を返済するための資金を銀行が貸すことは、本来なら筋が通らないことだからです。あくまで、「買掛金支払・支払手形決済のための運転資金」などと書きます。

このハネ資金、もし借りることができなかったら、それは今ある融資の返済ができなくなることを意味します。そうなると、返済を銀行に待ってもらうこと以外に対策はありません。

いつハネ資金で融資を受けられなくなるかわからないので、キャッシュフローで返済ができる理想的な状態になるよう、ハネ資金の融資を受けて資金繰りを回しているうちに利益を向上させる対策をとることが必要です。

なおハネ資金で融資を受けやすくするには、次の方法があります。

- 経営計画書により、将来の利益が増え、キャッシュフロー内で返済ができるようになることをアピールする
- 他の銀行が融資取組に積極的であり、キャッシュフロー内で返済できなくても、他の銀行からの融資を返済に充てることができることをアピールする

（9）後ろ向き資金

資金使途にもいろいろありますが、最も審査が通りにくいものが、「後ろ向き資金」です。

これは、企業の赤字を穴埋めする資金、過剰な在庫が発生したことにより必要となる資金、売掛金・受取手形などの相手が倒産するなどして回収できなくなった時に穴埋めする資金などのことを言います。

後ろ向き資金は、融資審査が通りにくいです。なぜなら、返済財源が見えづらいからです。

企業は事業活動を行うことにより稼ぐ利益で得られる現金から融資の返済をすることが基本ですが、後ろ向き資金はそのような返済財源が見えにくいです。赤字であれば現状で利益がなく現金を稼いでいないことになります。過剰在庫や、回収できない売掛金・受取手形があれば、その状態から利益を回復させるために時間を要し先行きが見えにくいことになります。

そのため、後ろ向き資金の場合、担保があるならまだしも、無担保の場合は融資審査を通すのに銀行は躊躇します。そのため、担保を入れたり、信用保証協会を利用したりすることが多くなります。

銀行に後ろ向き資金の融資を申し込む場合、資金が必要となった理由を述べるとともに、経営計画書を作成して銀行に渡し、今後、利益が上がっていく見通しを銀行に説明して説得しなければなりません。

◆ 追い貸し

後ろ向き資金の融資が必要となった業績が厳しくなっている企業へも、銀行は融資を全く出さないわけではなく、融資を出すことがあります。これを「追い貸し」と言います。

新規融資を出さず、その会社が資金不足に陥って倒産となったら、既存の融資は返ってこなくなります。そうなると銀行は、既存の融資が貸倒れとなってしまうので、そうならないようメインバンクがその企業へ、資金不足に陥らないように追い貸しするのです。

しかし追い貸し状態で融資が出ているのなら、企業としては将来、銀行が全く融資を出さなくなる時も想定しておく必要があります。銀行は追い貸しを繰り返しできるわけではありません。銀行は、その企業への既存の融資が返ってくることを諦める時があります。そうなった場合、銀行はその企業の倒産を想定し、追い貸しをやめることになります。

追い貸しでの融資を受けられている時こそ、企業はしっかり経営改善を行って、銀行が安心して新規の融資を行うことができるようにしていかなければなりません。

(10) 設備資金

「設備資金」とは、企業が事業を行っていくにあたって必要となる設備を購入したり構築したりするために必要な資金のことです。

設備資金の資金使途には、企業が工場・店舗などを構えるための土地・建物の購入・建築、移動に使うための車両購入、製造のための機械購入などがあります。

設備を導入するには多額の支払いが必要となるので、融資を受けることによってまかなうことができます。

設備資金で融資を受ける場合、1年を超える長期返済での融資となります。設備導入は、売上向上のため、もしくは設備の更新により売上を維持するために行われますが、設備導入による効果は長期間にわたります。そのため、設備資金で融資を受けて短期の返済条件とすると、とたんに資金繰りは苦しくなるのです。

設備を導入すると、毎年減価償却を行うことになりますが、減価償却費は現金の支出を伴わない費用です。つまり費用となりますが、そのぶん現金流出がなく、それを設備資金で受けた融資の返済資金に充てる、という考え方をとるとよいです。減価償却は長期間にわたって行われますので、返済も長期で行うようにしたほうがよいでしょう。
設備資金を申し込む場合、銀行にその設備の見積書を提出する必要があります。またなぜその設備を導入するか、銀行に理由を説明する必要があります。

設備資金として融資を実行した後、企業は設備を導入した購入先に支払いを行いますが、そこから受け取った領収書を銀行に提出しなければなりません。また銀行員が、その設備を実際に見に行くこともあります。なぜなら、銀行は設備資金として出された融資が、他のことに流用されていないかをチェックする必要があるからです。もし他のことに流用されていたら、一括返済を求められたり、今後、新たな融資が受けられなくなったりします。
また、設備資金ではなく運転資金として受けた融資を設備資金として使うと、資金繰りは苦しくなります。
設備資金では見積書や、設備導入後の領収書など、提出書類が多いですが、それを嫌がって運転資金で融資を受けようとする経営者がいます。
しかし運転資金より設備資金として融資を受けるほうが、より長期返済での融資が受けやすいのです。運転資金として短期返済で受けた融資を設備に使うと、資金繰りが苦しくなります。

ちなみに信用保証協会では運転資金と設備資金の融資は別で見ています。運転資金の保証は一企業に対し総額、月商３ヵ月ぶんまでと目安もあります。ですので、設備資金で申し込みできるならば、運転資金で申し込むことはやめたほうがいいでしょう。
運転資金での融資は増やさないことをお勧めします。
なお、設備資金で融資を受けずに自己資金で設備を導入しようとする経営者がいますが、それで資金繰りが悪くなるケースが多いので、注意しなければなりません。手もとに現金があっても、その時にたまたま売上入金が多く現金が豊富にあるだけかもしれません。設備の導入にあたっては多額の支払いが必要となるので、資金繰り表の作成も行って資金繰り管理を行うべきです。

なお設備資金の融資は、設備導入時しか融資を受けることはできません。設備を導入して支払いも済ませた後、その設備資金の融資を受けることはできません。

(11) 投資資金

「投資資金」とは、事業を拡大していくために使われる資金のことで、次のようなケースがあります。

・新事業展開のための資金
・地方・海外へ進出するための資金
・新分野進出のための子会社設立、買収にあたり必要となる資金

これらはいずれも企業の事業拡大につながっていくものであり、前向きな資金となります。

投資資金は、その性質上、金額が大きくなります。また投資による効果は長期間にわたって出てくるため、返済期間は長くなります。

なお投資は失敗することもあり、そうなると銀行への返済が厳しくなるので、銀行は投資資金として融資審査を行う場合、慎重な見方をします。

投資資金として融資を申し込むには、投資する事業の計画がいかに銀行を納得させられるものであるかがポイントとなります。事業計画

書の作成は必須です。事業計画書は、次のポイントを考えて作るようにします。

・投資を行う事業が、すぐに利益が出るか、数年で利益が出るようになり、その企業の利益拡大にプラスとなること
・投資を行う事業が、企業の既存部門の足を引っ張ることなく、既存部門と相乗効果を発揮すること

また既存の事業が赤字である会社が、その赤字を黒字に転換するための対策をとらないまま、新しい事業に展開していくことに、銀行の理解を得ることは難しいです。銀行は、「新事業を展開する前に、まずは既存事業の赤字を何とかするべき」と考えます。このような状態で投資資金の融資を受けるのは難しいです。

理想は、既存の事業でしっかり利益が出ている企業が、事業拡大のため新しい事業を展開していくことです。また新しい事業が、既存の事業の足を引っ張らないことが重要です。そういうことを銀行に説明することにより、投資資金の融資は受けやすくなります。

融資を受けて投資を行った後は、その結果を定期的に銀行に報告すると、銀行からの信頼を得られ、今後の融資にもつながっていきます。

(12) 資金使途として銀行から認められないケース

次のような資金使途は、銀行からは認められません。

・値上がり益をねらって会社で行う株式購入資金……

ハイリスクであり、株式の場合、値下がりによって返済ができなくなることもあります。返済が不安定となってしまいます。またこのよ

うな株式投資は、企業の本業とは無関係なものです。銀行は、企業の本業に無関係なことに使うための融資を出しません。

・住宅購入や、個人で使う車購入のための資金、教育資金……

会社としてではなく、経営者個人として銀行に相談してローンを組むべきです。また車でも社用車として使う場合は、設備資金として資金使途は認められます。

・関係会社への転貸資金……

本体の会社ではなく関係会社で融資を受けるべきです。なお関係会社の融資に本体の会社が法人として連帯保証人となることにより、関係会社で融資を受けやすいようにすることはできます。

(13) 資金使途違反

銀行は、融資を出した後も、その融資が、企業から申し出のあった資金使途の通りに使われたかをチェックします。設備資金であれば、その設備の現物を銀行が見たり、設備資金を支払った先からの領収書をチェックしたりします。

もし資金使途の通りに使われていないことが判明した場合、資金使途違反として銀行はその企業へは二度と融資は出さず、一方で出した融資は即返済を求められる可能性があります。

資金使途違反は、銀行にとって重大な問題です。特に、設備資金が融資を受けやすいからと設備資金として融資を受け、運転資金に使ってしまうケースはよく目にします。

安易に資金使途違反を起こして、その後の銀行からの融資を困難としないよう、気をつけたいものです。

(14) どう資金使途を作るか

以上、資金使途について説明してきました。これらの資金使途を、企業側が資料をそろえて融資が必要な理由を説明できると、銀行を説得しやすいです。決算書の内容が悪くても、資金使途を銀行にうまく納得させることができて、融資を受けることに成功することもあります。

融資審査にあたって決算書の次に重要なのが、銀行にとって納得のいく資金使途なのです。

また、業種的に資金使途を納得させにくい場合もあります。

例えば、不動産賃貸業は、賃貸物件購入資金としては融資は出ますが、仕入が発生しない業種であるため運転資金では融資が必要な理由を銀行に納得させにくいです。

他にも、飲食業では、新店舗構築や、既存店舗改装のための設備資金は出ますが、毎日日銭が入ってくるため、売掛金の立替えは発生せず、在庫も抱えないため運転資金が必要な理由を銀行に納得させにくいです。

これらの場合、銀行のプロパー融資では支店長や本部の意向が強く働くことから運転資金の融資が出にくくても、信用保証協会保証付融資や日本政策金融公庫では運転資金を出してくれることもあります。

なお、融資を積極的に行っていきたい銀行員としては、資金使途をどう作るか一緒に考えてくれることも多いです。

企業側で資金使途を考え、資料等を抜かりなく用意できるのがよいですが、難しければ、融資を行って自分の成績にしたい銀行員に相談してみてください。

6-5 銀行に提出する書類が融資審査にどう影響するか

銀行で融資審査を行う時、いろいろな書類を銀行から要求されます。要求される書類は次の通りです。

（1）決算書

必ず要求されます。確定申告書や別表、勘定科目内訳書などの付随資料も要求されます。

（2）試算表

期の途中経過の損益を表したのが試算表です。前の決算月から3ヵ月以上経過していたら要求される可能性が高いです。

（3）月次資金繰り表

企業の6ヵ月〜1年先までの月次の資金繰り予定を見るものです。ふだんから資金繰り表を作って資金繰り管理を行っていれば、すぐに出せる資料です。ふだんから作っていない会社は、銀行から資金繰り表のひな型をもらえることもあります。

（4）経営計画書

企業の今後5〜10年の損益計画と、それをどう実現するかを書いたものです。銀行から要求されることは少ない資料ですが、決算書の内容が悪く、融資を受けづらい企業が融資を受けたいと思うのなら、自主的に作って銀行に提出すべきです。

(5) 会社案内や商品・製品のパンフレット

どのような事業をやっている企業か、どのような商品・製品を扱っているかを銀行がイメージするために要求されるものです。簡単な会社案内や商品・製品案内ぐらいはふだんから作っておきたいものです。

決算書を除いたこれらの書類の融資審査への影響度は30ですが、決算書の内容が悪く融資が受けづらい企業においては、影響度は80となります。融資が受けづらい状況の中、これらの資料を使い、銀行を納得させて融資が出やすいようにします。

決算書の内容が悪い企業は、融資審査において不利な状況からのスタートなので、融資を受けたいのであれば、これらの書類を銀行に要求されなくても自主的に提出するなど、不利な状況を挽回する努力をしていかねばなりません。

次に、それぞれの書類の詳細を見ていきます。

(1) 決算書

決算書は、決算報告書だけでなく、それに付随する確定申告書、別表、勘定科目内訳書なども要求されます。

また、電子申告により税務署が受け付けた「メール詳細」も要求されます。それにより、その決算書は税務署に提出した決算書であることを銀行は確認します。

なお、法人税確定申告書の右下に、税理士の署名押印欄がありますが、そこに顧問税理士等の名前がないと、税理士が作った決算書とは見られず、決算書の信憑性が一気に下がり、融資審査が通りにくくなります。ときどき、税理士が期ごとに頻繁に変わっているケースも見ますが、その場合は理由を銀行にしっかり説明したいところです。

銀行は、税理士が頻繁に変わっている企業を、「経営者が税理士に粉飾決算を要求し、言うことを聞かないから毎期、変わっているのではないか」という目で見てしまうものです。実際に税理士が頻繁に変わる会社では、そのようなケースが多いものです。

なお、決算書を作らず、確定申告を行っていない会社がときどきありますが、そのような会社は絶対に融資は受けられません。

(2) 試算表

決算書が1年の損益を見えるようにしたものとすると、試算表は、その途中経過を表したものです。前の決算月から3ヵ月以上経過すると、銀行は今期はどのような損益なのか、最新状況を知ろうとします。そのために試算表を要求してくるのです。

会社経営を行っていれば、月が変わったら前月の損益を出して、どれだけ売上・利益があったかを把握し、赤字であったり黒字でも利益が少なかったりすれば、今後どう盛り返していくかを経営者は考えたいものです。それを行うには試算表は経営資料として重要なものです。毎月、作成しているのが正しい姿です。

試算表を銀行から要求されて、その時になって顧問の税理士に作成をお願いする経営者がいますが、そのような経営者は、ふだんから毎月の損益を把握していないことになるため、よくない経営です。

日ごろは経営管理を行うために試算表を毎月作成し、銀行から要求されたらいつでも最新のものを出せるようにしてください。

また試算表は、あくまで試算です。決算書より、その中のデータの信憑性は低く銀行員は見るものです。決算書は税務署に提出する書類としてそのデータの信憑性は高いですが、試算表はそうではないのです。そのため、決算書の内容のほうが試算表より重要性は高いと考えてください。ただ、前期の決算は赤字でも今期は黒字に回復しているなど、今期の業績がよくなっているのであれば、試算表を積極的に銀行に開示し業績の回復状況を銀行にアピールしたいものです。

(3) 月次資金繰り表

月次資金繰り表とは、将来6ヵ月～1年後までの、毎月の資金繰り予定を書いたものです。別表1 (240ページ) がその見本です。

将来の資金繰りは、まずは経営計画を作り、1ヵ月ごとの損益の計画を立て、その入金予想と出金予想をもとに作っていきます。

資金繰り表は3つの部に分かれます。経常収支、設備収支、財務収支です。

「経常収支」とは、事業自体でどのような資金繰りとなったかを表します。経常収支でマイナスが続くということであれば、事業を行うことで現金の流出を招いているということになり、早急に経常収支がプラスとなるように対策を考える必要があります。

「設備収支」とは、設備投資や、設備の売却により、現金がどう動いたかを表します。また「財務収支」とは、銀行など外部からの資金調達と、融資の返済による資金の動きを表します。財務収支では、融資が受けられた月は大きくプラスになり、返済のみの月はマイナスとなるのが通常です。

資金繰り表を見て自社の資金繰りを考えていく中で、一番重要なのは経常収支をプラスにすることです。経常収支がマイナスであり、財務収支のプラスでそれを補っている資金繰りでは、経常収支の赤字を銀行などからの借入れで補っている、という構図になってしまいます。

このような資金繰りでは、企業の借入金額は増えていく一方となり、歯止めをかけなければなりません。

理想的な形は、経常収支のプラスの範囲で財務収支のマイナスを補っている状態です。これは、事業の黒字で獲得した現金を使って融資の返済を行うことができている構図です。このような資金繰りでは、企業の借入金額は順調に減っていきますが、ほとんどの中小企業ではこのような理想的な形とはなりません。

経常収支がプラスでも返済金額を全てまかなうほどにはプラスにはならず、ときどき、銀行等から新たな資金調達を行う必要があります。

将来の資金繰り予測を立てると、自社が借入れしなくても資金繰りは回るのか、それとも借入れの必要があるのかがわかります。

資金繰り表を作って銀行に融資を申し込むと、銀行もなぜ融資の必要があるのかがわかりやすくなり、融資審査の材料の1つとなります。資金繰り表を作り、計画的な資金繰りを行うことによって、行き当たりばったりの資金繰りをやめることができるようになるため、どの企業も資金繰り表は作っておきたいものです。

また資金繰り表の提出を銀行のほうから要求されたら、否が応でも企業は作って銀行に提出しなければ、融資審査を前に進めてもらうことはできません。先手を打って、日ごろから資金繰り表による管理をしておきたいものです。

なお銀行は、この資金繰り表によって企業の将来の資金繰りを見ます。今回申し込まれた融資を実行したら、資金繰りはどう回るのかを見ます。

今が2016年10月だとして、同年11月に融資が実行されるとした資金繰り表の中で、翌12月の月末現金残高がマイナスになるのであれば、融資を実行してもすぐに現金がマイナスとなることになり、銀行は企業が、資金繰り計画をしっかり考えていないのではないかと見てしまいます。この場合、資金繰り計画の見直しが必要です。

ただこの場合、翌月に現金残高がマイナスとなることは、資金繰り表を作らなければわからなかったことです。ここに資金繰り表を作る意義があります。そのため、銀行は資金繰り表の提出を企業に求めるのです。

(4) 経営計画書

今後5～10年の損益はどうしていくのか、今後1年の月次の損益はどうしていくのか、そして、経営計画を実現するために企業はどのように行動していくのか、それを合わせれば、経営計画書の骨格は完成します。

詳しくは後述しますが、決算書の内容が悪い企業では、それを挽回するための書類が、この経営計画書です。

(5) 会社案内や商品・製品のパンフレット

銀行の得意先係の担当者なら、あなたの会社へ訪問することは多いので、現場・商品製品等を見て、あなたの会社の内容を知ることはたやすいのですが、支店内で勤務することの多い融資係や支店長は、あなたの会社を生で見て知る機会は少なくなります。

また銀行の得意先係の担当者なら、担当先の会社の内容を知っておくだけでよいのですが、融資係・支店長ともなると、支店内の全部の融資先企業の内容を把握しなければなりません。これはとても大変なことです。

融資審査は、一定以上の融資金額になると本部で審査されます。その時、本部の担当者はあなたの会社の内容を把握するのは困難です。

それらを解決するのが、会社案内、商品・製品のパンフレットです。

会社案内等を銀行に提出すると、銀行内にある企業ごとのファイルや稟議書に、それらを資料として添付します。融資係・支店長・本部の担当者は、会社案内等を見ることにより、あなたの会社の内容をある程度は把握することができます。あなたの会社がどのような事業をやっているかがわかり、融資審査に役立ちます。もしあなたの会社が会社案内等を作成していないのでしたら、今すぐ作成して、銀行に提出してください。

会社案内の内容

・会社概要

所在地（本社・支店・工場・店舗）・設立年月・資本金・年商・営業種目・代表者・代表者略歴

・事業概要

事業の内容、取扱商品・サービス

・会社沿革

会社案内等には、あなたの会社が取り扱っている商品・製品・サービス、店舗・工場等を写真で掲載し説明文をつけると、銀行員があなたの会社について、より理解しやすくなります。

また会社案内に自社の強みを書いておくと、内容の濃い会社案内となります。デザイン等、凝ったものでなくてもいいのです。

銀行員が理解しやすい、また世間一般の人にも理解しやすい会社案内を心がけてください。

6-6 日常取引が融資審査にどう影響するか

銀行の一番の収益源は、融資を行うことによる利息収入ですが、その他にも収益源を持っています。融資取引だけではなく、その他の取引も合わせて総合的に取引を深めることによって、融資審査を通過させるための最後の一押しとなったりします。

私は銀行員時代、稟議書に、審査を通過させるための最後のひと言として、次のように書いていました。

「当社からは、振込手数料を月10万円程度確保、総合的に取引深耕を図れており、取引を一層深めるべく、本件融資を行いたい」

このように、融資以外にもその銀行との取引が多くあれば、融資審査のプラス材料の1つとなります。この日常取引が銀行の融資審査に与える影響度は、通常の融資審査で10、融資が出づらい会社においての融資審査で20としました（104ページ）。

具体的に、銀行が気にする日常取引のポイントを見ていきます。

（1）企業がその銀行に預けている預金額

銀行は、預金者から低い金利でお金を預かり、それを高い金利で貸し付けて、その利ざやで利益を得ています。貸付けを行うための原資が預金となりますので、企業がその銀行に預金している金額の多さも、銀行がその企業と付き合うメリットの１つとなります。

銀行は、その企業へどれだけの融資を行っているか、一方でどれだけの預金を預かっているか、そしてそれぞれの融資金利と預金金利は何％であるかで、その企業との取引採算を見ています。

◆ 実効金利

取引採算を図る方法で最も原始的なのは、「実効金利」です。実効金利は次のように計算されます。

実効金利＝（融資額×融資利率－預金額×預金利率）÷（融資額－預金額）

融資額が5,000万円、融資利率２％、預金額が2,500万円、預金利率0.1％の企業があった場合、実効金利は次のように計算されます。

実効金利＝（5,000万円×２％－2,500万円×0.1％）÷（5,000万円－2,500万円）＝3.9％

この例でいうと、実効金利とは、その企業からもらえる純の利息**［融資利息－預金利息］**97.5万円、その企業への純の融資額**［融資額－預金額］**2,500万円、そして純の利息を、純の融資額で割ると、その企業への実効金利3.9％を算出することができます。

つまり銀行は、その企業から実質3.9％の利息収入を得ていることになります。

ただし、この実効金利の考え方には問題点があります。それは、銀行はその企業への融資からいくら儲かって、預金からいくら儲かったかわからないことです。また預金額が融資額を上回ると、分母はマイナスとなり、おかしくなってしまいます。

◆ 本支店方式

実効金利のこのような弱点を克服するために、今、実効金利に変わって銀行で主流となっているのは、「本支店方式」という考え方です。本支店方式では、その企業の取引採算は、次のように計算されます。

{融資額×（融資利率－本支店レート）＋預金額×（本支店レート－預金利率)}　÷融資額

この考え方は、銀行の支店は本部から資金を借りてきてそれを企業に融資し、一方でその企業から支店が預け入れた預金をそのまま本部へ預ける、という考え方です。

例えば、融資額が 5,000 万円、融資利率２％、預金額が 2,500 万円、預金利率 0.1%の企業があったとし、本支店レートは 0.5%だとします。銀行の支店は、本部にある資金を 0.5%で借りてきて、その資金をそのまま企業へ融資します。一方で支店はその企業から預金を 2,500 万円預かり、そのままは本部に金利 0.5%で預け入れます。

そうすると、その支店は融資では、

融資額×（融資利率－本支店レート）＝ 5,000 万円×（2%－ 0.5%）＝ 75 万円

75 万円儲かり、一方、預金では、

預金額×（本支店レート－預金利率）＝ 2,500 万円×（0.5%－ 0.1%）＝ 10 万円

10 万円、儲かることになります。

そして支店が儲けた[75万円＋10万円＝85万円]を、融資額5,000万円で割ると1.7%となり、この支店、そして銀行は、この企業とは1.7%の取引採算、ということになります。

実効金利の考え方と違い、本支店方式では、分母がマイナスとなることはなく、またこの企業への融資による収益はいくらで、預金による収益はいくらであるかを把握することができます。

このように、実効金利、本支店方式いずれの方法においても、融資量とともに、預金量が多いほど、銀行にとってその企業と取引することによる採算はよくなる、ということです。また当然ですが、融資金利は高いほど取引採算はよくなります。

融資の一方で、預金を多く預けてくれる企業へは、銀行は融資をしやすくなるのです。また当然、融資金利を高くしてくれる企業へは融資をしやすくなります。

銀行は融資先企業へ、「当座預金や普通預金の残高を平均で○○以上に保つようにしておいてください」と言ってくることがあります。そう言ってくる背景にはこのような取引採算の計算があるのです。

（2）手数料

銀行は利息収入とともに、手数料収入を重要な収益源としています。

企業が銀行へ支払う手数料とは、振込手数料、手形取立手数料、外国為替手数料、インターネットバンキング手数料など、いろいろあります。

手数料１件１件は小さい金額に見えるかもしれません。しかし１件の振込手数料が300円だとして、それが１ヵ月100件あれば３万円、年間で36万円ともなり、ちりも積もれば山となる、です。

そして銀行は、融資先企業ごとのファイルに、毎月その企業からいくらの手数料収入があったかを記録しています。その企業へ融資をすれば、企業はその銀行へ感謝し、その銀行で振込取引や手形取立取引をより多く行ってくれ、手数料をより多く落としてくれる。銀行と企業とがそのような関係にあるのであれば、企業の業績が多少悪化しようとも、総合的な取引採算を見て銀行はその企業へ融資を行いやすくなります。

（3）付随する取引

付随する取引とは、例えば公共料金や、保険料、各種会費などの振替口座にすること。

銀行は、１件の引落しでいくら、という手数料を引落し依頼企業からもらっているため、その銀行の口座でいろいろな引落しを行ってくれると銀行は収益が上がります。

また多くの口座振替を行うためには、その口座の預金残高を多く保っておかなければなりません。口座振替が多くなると、日ごろの預金残高も増えることになり、銀行はその企業との取引採算がよくなります。

貸金庫や、その銀行の経営者組織入会などもそうです。こういうことでも銀行は収益を得られますし、また企業とその銀行との関係が深まっていくことになります。

そして銀行にも、関係会社が多くあります。銀行の関係会社でリース会社や証券会社、保険代理店などがあり、それらとの取引もあれば、銀行はグループ全体で、その企業との取引採算をよくしていくことができます。

このような付随する取引においても、銀行はその企業との取引採算がよくなり、それを見て、その企業への融資を行いやすくなります。

（4）関係会社や従業員などとの取引

あなたの会社に関係会社があるのであれば、銀行は、本体の会社とともに、関係会社との融資取引や預金取引を期待し、各種手数料も落としてくれることを期待します。

また、従業員もそうです。多くの従業員をその銀行へ紹介して、給与振込口座を作ったり、住宅ローンや車のローンなどもその銀行にて行ってもらったりすれば、銀行は収益を上げていくことができます。

このように、関係会社や従業員も含めて、その銀行と付き合うようにすれば、銀行はその企業との取引採算がよくなります。

以上のように、銀行はその企業からいくら収益を得られるか、融資だけでなく総合的な取引による採算を重視しています。またその採算は、融資金利の高さだけではなく、預金額、各種手数料、付随取引、関係会社や従業員取引を含んだ、トータルで銀行は考えています。

この取引採算が、融資審査の判断を左右する１つの要素となるのです。

融資を受けることばかり考えるのではなく、融資を受けている銀行それぞれに預金をどれぐらい置いておくか、各種手数料はどこの銀行にどれだけ落とすようにするか、そして付随取引や、関係会社・従業員取引まで含めて、融資を受けている銀行それぞれが、取引採算が少しでもよくなるにはどうしていくか、考えていくとよいでしょう。

6-7 経営計画書が融資審査にどう影響するか

銀行から受けた融資の返済は、基本的に事業を行って稼ぐ利益から得られる現金によって行われます。銀行は、その企業のキャッシュフロー、つまり事業でどれだけ現金を稼ぐかを、簡易的に

当期純利益＋減価償却費

で計算します。利益が黒字であればあるほど、このキャッシュフローは大きくなり、返済原資を大きく見ることができること、赤字であれば返済原資は見ることができない、ということがわかります。

そして返済原資がない、つまり業績が悪く、赤字である企業は、銀行は融資審査を出しづらいことになります。返済原資がなければ将来、完済できずに貸倒れとなることが目に見えているのですから。そのような企業は、将来、利益を上げて返済原資を作ることができることを、書面で銀行に見せて説明できなければなりません。

そのため、経営計画書が融資審査に与える影響度は、通常の融資審査であれば10ですが、決算書の内容が悪く融資が受けづらい企業であれば影響度は70もあります（104ページ）。

経営計画書は、30ページも50ページも作る必要はありません。

次の３つがあれば、経営計画の骨子はできあがります。

・年次損益計画（別表４）

· 月次損益計画（別表5）
· アクションプラン（別表6）

これだけの提出でもかまいません。経営計画書を全く作っていない企業より、ずっとよいです。

経営計画書を作って銀行に渡しておくと、銀行は経営計画書を企業ファイルに保存しておき、融資審査時に参考にします。決算書の内容が悪い会社であれば、銀行から提出を要求されなくても経営計画書を作り、銀行に提出しましょう。そうすることによって、融資を受けられる可能性を高めることができます。経営計画書により今後数年、どのように経営し、どのように利益を上げていくか、その道筋を銀行に伝えることができます。

利益を出し、そこから生まれるキャッシュフローを返済原資として返済を進めていくことができる、それを銀行に納得させるために、この経営計画書が必要です。

ふだんから経営計画書を作っておき、自社の今後の計画、つまりどのように自社の財務体質・利益体質を改善させていくのか、どのように事業を推進していくのか、口頭だけでなく、書面でわかるようにして銀行に説明しておくことにより、銀行の、あなたの会社への見方が全然違ってきます。

経営計画書の作成は、社長が先頭に立って行うべきです。経営計画書は会社の将来像を計画するものですから、社長が先頭に立って経営計画書を作るのでなければ意味がありません。

私が銀行員時代、企業の経営者ではなく、税理士やコンサルタントが作ったと思われる経営計画書を見かけることがありました。枚数が何十枚とあり、数字や文章が理路整然となっていれば、社長が作ったものではない、と感づかれてしまうものです。そのような経営計画書はよくありません。いかに体裁が整ってようとも、経営者の思いが経営計画書に入っていなければ、銀行員は見破ります。必ず社長が先頭に立って、経営にかける思いをぶつけて作成するようにしてください。

経営計画書には、次のことも盛り込むと、より充実したものとなります。

・経営理念
・将来の方針
　どのように事業を展開するのか、数年後の売上と利益の目標も踏まえながら
・今後の具体的な戦略
　今後の自社の置かれる環境と状況・自社の体質を踏まえ、今後の方向性を決める
・今後の具体的な戦術
　どのようなやり方で展開していくか。技術・組織・販売・財務・他社との差別化等

Chapter 7

銀行の融資審査を通しやすくする方法

7-1 債務者区分をよくする

前章では、銀行の融資審査のポイントを、「企業や代表者の背景」「決算書」「資金使途」「書類」「日常取引」「経営計画書」に分けて書きました。本章では、それら以外に、融資審査を通しやすくするために実践してほしいことをお伝えします。

債務者区分は、正常先・その他要注意先・要管理先・破綻懸念先・実質破綻先・破綻先、に分けられます。債務者区分があって、その下に、銀行独自で融資先企業につけている信用格付があります。

融資を受けている企業は、銀行からいずれかの債務者区分をつけられていますが、この債務者区分が、あなたの会社が銀行から融資を受けやすいかどうかを決める大きなポイントとなります。

◆ 債務者区分の定義

・正常先……

業況が良好であり、財務内容に特段の問題もなく、延滞もない企業のことです。

・要注意先（その他要注意先・要管理先）……

要注意先は、「その他要注意先」と「要管理先」に分けられます。

要注意先とは、業況不調で財務内容に問題がある、もしくは融資に延滞がある企業のことを言います。要注意先の中でも、特に融資の全部または一部が要管理債権である企業は要管理先となります。

ちなみに「要管理債権」とは、3ヵ月以上の延滞となっている融資、もしくは貸出条件緩和債権である融資のことを言います。

「貸出条件緩和債権」とは、債務者の経営再建または支援を図ることを目的として、金利の減額や免除、利息の支払猶予、元本の返済猶予、債権放棄などを行った融資のことを言います。

要は、3ヵ月以上の延滞、もしくは貸出条件緩和債権に当てはまる融資のことを要管理債権と言い、要管理債権がある企業は要注意先の中の要管理先となり、そうではないが業況不調で、財務内容に問題がある、もしくは融資に延滞がある企業はその他要注意先、となります。

・破綻懸念先……

経営難にあり、改善の状況になく、長期延滞の融資がある企業のことです。

・実質破綻先……

法的・形式的には経営破綻の事実は発生していないが、自主廃業により営業所を廃止しているなど、実質的に営業を行っていないと認められる企業です。

・破綻先……

破産などの法的手続きが開始されている、もしくは手形の不渡りにより取引停止処分となっている企業のことです。

債務者区分が正常先であれば、企業は融資を受けやすいです。

その他要注意先であれば、将来、企業が正常先に回復することが期待できなければ新たな融資は受けにくくなります。

そして要管理先以下であれば、新規融資は困難となります。
こう考えると、あなたの会社が銀行から融資を受けやすいかどうかは、銀行があなたの会社に債務者区分をどうつけているか、これに大きく左右されることになります。

債務者区分をよくして、融資を受けやすくしたいですよね。
それであれば、まずは、自分の会社が銀行からどのような債務者区分をつけられているか、把握することからスタートします。
そして自社の債務者区分が悪ければ、どうやったらそれをよくすることができるのかを知って、その行動をとっていきましょう。

（1）自社の債務者区分を銀行に聞く

では、どうやって自社の債務者区分を知ることができるのでしょうか。まずは、銀行に直接、聞いてみることです。
銀行は、企業に債務者区分を直接、言いたがらないものです。なぜなら、正常先ならまだしも、要注意先以下なら、企業の経営者から

「なぜ、うちの会社が要注意先なのか？」

とつっこまれやすいからです。
そのため、銀行から自社の債務者区分を聞きたいのなら、次のように伝えます。

「自社の債務者区分を教えてほしい。その理由は、自社の債務者区分を知っておいて、今後その区分がよくなるように経営努力したいから。今は悪い区分でもかまわない。現状を包み隠さず教えてほしい」

理由と、それを聞いてどう活かしたいか、を伝えることです。

こういう言い方をすることにより、銀行員は警戒心を解き、債務者区分を教えてくれやすくなります。

(2) 債務者区分をよくするためにどう行動すべきか

次に行うべきことは、債務者区分が要注意先以下であれば、その区分をよくするためには、

・どう説明資料を作って銀行にアピールするか
・そもそも自社の状況が、どうなっていかなければならないか

これを知って、行動に移していくことです。

債務者区分は、次の2つで判定されます。

・融資の状況
・企業の状況

融資の状況では、リスケジュール（返済の減額・猶予）や延滞等となっていれば要注意先以下となります。

企業の状況では、損益計算書が赤字、貸借対照表が実質債務超過などであれば要注意先以下となるのですが、赤字が一過性のものであったり、次期決算で赤字解消が確実であったりすれば、債務者区分は正常先に引き上げてもらえることがあります。

そうしてもらえるように、企業が、赤字が一過性である説明資料や、

次期決算で赤字解消が確実である説明資料を作って銀行にアピールすることが、企業の債務者区分をよくし、融資を受けやすくするための行動の１つとなります。

私は銀行員時代、企業１社１社の債務者区分を決めるための自己査定をたくさん行ってきましたが、銀行員としては、企業の債務者区分は少しでもよくあってほしいものです。

なぜなら、債務者区分が悪い企業への融資は、銀行は貸倒引当金が多く必要になり、そのぶん、銀行の損益を悪化させるからです。そのため、自分が担当する企業で債務者区分が悪い企業に、債務者区分をよくするための材料を見つけ出そうと、その経営者にいろいろ聞き出そうとしました。しかし経営者が非協力的であるため、債務者区分をよくしてあげることができず、悪い債務者区分となってしまった企業もたくさんありました。

こういうことにより債務者区分が悪くなり、自ら首を絞めてしまうのは、大変もったいないです。

まずは自社の債務者区分を知り、それをよくするための行動をとっていくことによって、自分の会社を、銀行から融資を受けやすい体質に変える、第一歩、となります。

7-2 銀行とのコミュニケーションのとり方

銀行には本部と支店があります。さらに支店の中は､｢預金係｣｢融資係｣｢得意先係｣の３つの係に分かれています。銀行によって係の名称は異なっていますが、それぞれの係の役割は変わりません。

「預金係」とは、窓口で顧客と預金や振込みなどのやりとりや、中で出納や振込事務などを行う係です。

「融資係」とは、支店の中で融資審査を行う係です。

「得意先係」とは、外回りであって、要は営業の係です。それぞれの係に係長があり､その上が次長､支店長､という支店内の構造になっ

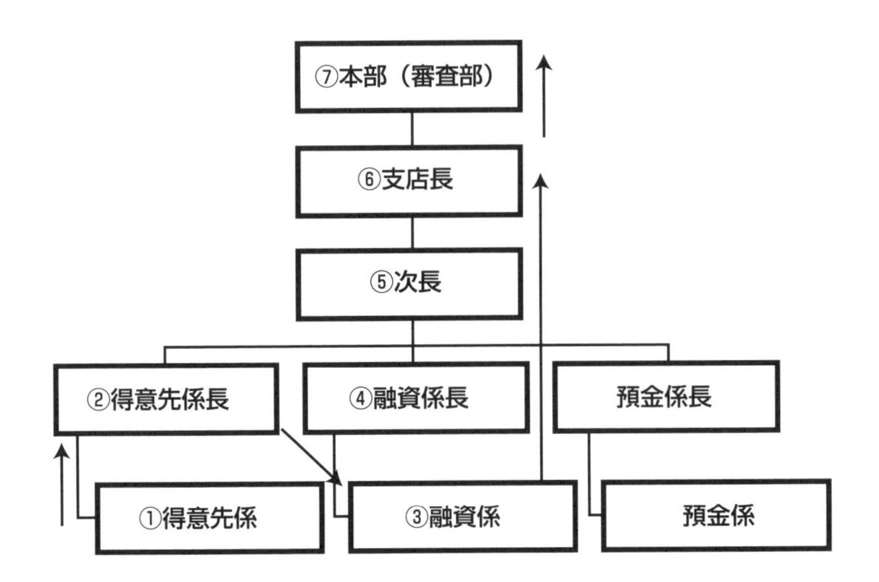

ています。

銀行の融資審査は稟議制です。稟議制では、審査の書類が支店内で回覧され、回覧された行員によりそれぞれ可（融資を出す）・否（融資を出さない）の意見を記載し、最後は支店長もしくは本部の審査部で決裁される形です。支店内の他の行員が全て否の意見でも、支店長が可と言ったら審査は通ります。逆も同じです。なお稟議書の回り順は、前ページ図のとおりです。

また、その企業への融資総額や企業の信用状況などによって支店長では決裁できず審査部に回る案件もありますが、支店長が可で通していれば多くは審査部でも通ります。審査部は多くの支店の稟議書が回覧されてくるため、現場に近い支店長の意見を尊重するからです。

支店長は融資審査を行うだけではありません。支店を経営し、支店の業績を伸ばすために、支店が融資している中で重要な企業を訪問したり、本部行員や本部役員が支店にやってきたらその対応をしたり、顧客とゴルフの付き合い、地域の会合へ参加など、実に多忙です。

そのため支店長は稟議書を細かく見ることができず、融資審査の係である融資係長の意見を尊重するものです。

ここから考えると、融資審査のキーマンは、（1）支店長、（2）融資係長、ということがわかります。では、それぞれのキーマンとどのようにコミュニケーションをとっていったらよいでしょうか。

（1）支店長とのコミュニケーションのとり方

支店の融資先は、何百社、何千社とあります。支店長は、1つひとつの企業にまで目をかけていられないのが実情です。そのため、支店にとって重要な融資先でないと、なかなか支店長との接点を持つことができません。しかし支店長は融資において大きな権限を持っているものであり、支店長から、応援したい会社というように見られたら、それだけ融資審査において有利となります。

では支店長に対して、どうやってアピールしていったらよいのでしょうか。

◆ 決算説明

よい方法として、決算説明があります。決算説明とは、企業が新たな決算書を作成したら、その内容を銀行に説明することです。

決算説明は、銀行から行ってほしいと言われるものではありません。企業が自主的に行うものです。まず、銀行の担当者に「決算説明を行いたいので支店長との場を設けてほしい」と依頼します。担当者は、通常の場合なかなか支店長を表に出そうとしないものですが、決算説明は１年に１回のことであり、また支店長に企業の状態について理解してもらう一番よい機会であるため、決算説明の時ぐらいは支店長を表に出してもらえるようにしたいものです。

決算説明では自分の会社について、多くアピールするようにします。決算書の説明だけで終わるのではもったいないです。自社がどのような商品やサービスを扱っているのか。その商品やサービスはどこに特徴があり、業界内で競争に勝てるのか。経営計画はどう立てているのか。経営者はどのような考え方で経営を行っているのか。

このように、決算説明は多くのことをアピールする絶好の機会です。またそれらのアピールは口頭で終わるのではなく、書面にすることで支店長の頭の中に残りやすいようにすることがポイントです。

支店長は、１回も会ったことのない経営者より、１回でも会ったことのある経営者の会社へは、心情的にも融資審査を通すほうに動くものです。また決算説明の場でいろいろアピールされていれば、それが頭に残っていることによって、そのぶん、審査に有利になることでしょう。決算説明を行っている会社は少ないです。少ないからこそ、他の企業と差をつける絶好の機会となります。

（2）融資係とのコミュニケーションのとり方

もしあなたの会社に銀行の得意先係が訪問してくることが多くても、せめて3ヵ月に1回は、あなたの会社側から銀行へ訪問してください。訪問先は融資係です。

なぜ融資係に3ヵ月に1回訪問するべきなのか。それは、融資係にあなたの会社のことを知ってもらい、好印象を持ってもらうためです。

銀行の支店の3つの係、預金係・融資係・得意先係の中で融資係は、融資の審査をする係です。融資係は支店の中にいて数多くの融資案件の審査を行っていますので、なかなか外出できません。そのため融資係は融資の審査にあたって、融資を申し込んだ企業のことを、企業ファイルや稟議書に書いてあることだけで判断しがちになります。

書いてある内容によっては、融資係はあなたの会社に対しよくない印象を持ってしまうリスクがあります。また融資係はあなたの会社のことを、他にも融資を申し込んでくる企業が多くある中で「その他大勢の1社」でしかない、という見方もしがちです。そのためあなたの会社側が、銀行の融資係に3ヵ月に1回、訪問することが重要なのです。

融資係に訪問する名目は、試算表や資金繰り表などを渡す、ということにします。そのような名目があれば、あなたの会社は融資係に訪問しやすいことでしょう。融資係に訪問したら30分ぐらい、会話をします。そうするとあなたの会社は、融資係にとって「その他大勢の1社」から「顔を知っている1社」に変わることになります。その会話の中で、経営計画書なども使ってあなたの会社の将来のビジョンを語れば、融資係の銀行員はあなたの会社のことによい印象を持つことになります。

銀行の融資審査で、融資の稟議書に否定的な意見を書くのはいつも融資係です。なぜなら融資係は「融資の貸倒れを出さないこと」で上から評価されるからです。その融資係の銀行員があなたの会社によい印象を持ち、融資審査において稟議書に前向きなことを書いてくれれば、それだけ審査が通る可能性は高くなります。

なお融資係には平社員の融資係もいれば役職を持った融資係長がいます。できれば訪問時に毎回、難しくても時々は、融資係長と接触を持つようにしたほうがよいでしょう。

（3）得意先係とのコミュニケーションのとり方

3ヵ月に1回あなたの会社が銀行を訪問するとともに、1ヵ月に1回、銀行であなたの会社を担当する得意先係があなたの会社を訪問してくるようにもしてください。

銀行での得意先係とは、多くの顧客を訪問して、営業する係です。多くの企業を訪問し、多くの融資案件を獲得してこなければなりません。企業が銀行の融資係に訪問して融資を申し込むより、銀行員が企業に訪問してくる都度、提案をさせて、その流れの中で融資を申し込んだほうが、その後、融資審査がスムーズに行きやすいです。

そこを考えると、銀行の得意先係が1ヵ月に1回あなたの会社に訪問してくる形ができるとよいのです。

しかし現状､あなたの会社に銀行員がなかなか訪問してこない場合、どうしたらよいのでしょうか。

逆に銀行員の立場になって考えてみます。銀行員としては、あなたの会社を訪問する名目がほしいのです。なぜなら、何の名目もなしに企業に訪問すると「何しに来たの？」というような顔をされることが銀行員にとっては怖いからです。そのような顔をされるのが怖いから、特に用事もない中で銀行員は企業になかなか訪問しづらいのです。

名目を作ります。その名目は、

「1ヵ月に1回、試算表をとりに来て」

これでよいです。

３ヵ月に１回はあなたの会社が銀行を訪問し、試算表と資金繰り表を渡しますが、それ以外の月は、銀行の得意先係があなたの会社に訪問してきてもらい、試算表をとりに来てもらいます。

なお、あなたの会社が銀行を訪問する月であっても、得意先係からも気軽にあなたの会社に来てもらいます。

そして銀行員が訪問してきたら、試算表を渡して終わりではなく、30分ぐらい会話をします。営業の力がある得意先係であれば、訪問の都度、企業への提案を持ってくるものですが、そうでない得意先係でも、訪問の都度、提案を持ってきてくれるように、話をしておきます。重要なのは、銀行員があなたの会社に訪問してくる都度、何か提案を持ってくるような習慣をつけさせることです。

以上のように、融資申込時だけでなく、日ごろからの銀行員とのコミュニケーションが、銀行との信頼関係を構築し、その結果、銀行によい評価をされるようになり、融資を出しやすくなることにつながります。銀行員も人間です。何も知らない企業より、関係を築けている企業のほうが、融資審査はスムーズに行いやすくなります。

7-3 関係会社がある企業

関係会社がある企業の場合、本体の会社と関係会社との間では、資金や取引の関係があいまいになりがちです。

例えば、兄と弟が別の会社を経営していて、その会社間での商業取引や資金の貸借等において密接な関係がある場合、それらの会社をまとめて「実質同一体」と銀行は見てきます。

実質同一体の関係にある会社は、銀行は１つの企業として判断します。つまり関係会社が複数あっても、１社だけの場合より融資が多く受けられるわけではなく、それらの会社をまとめて１つの会社として、銀行は融資を出すのです。

また関係会社間で取引や資金の貸借が多く発生していれば、銀行からは、全体の実態がどうなのかわかりにくくなり、融資に慎重になることもあります。そのため、融資のことを考えるならば銀行からはできるだけ実質同一体として見られないように気をつける必要があります。

実質同一体として見られやすいケースには次のものがあります。

本体の会社Ａ社、関係会社Ｂ社とします。

- Ａ社とＢ社の代表者が同じ
- Ａ社の代表者と別の家族がＢ社の代表者をやっている
- Ａ社とＢ社の本社の住所が同じ
- Ａ社がＢ社の株式を多く保有している

・A社の大株主とB社の大株主が同じ
・A社とB社の間で、資金の貸借を多く行っている

これらのケースがあると、銀行はA社とB社が実質同一体ではないかと見ます。そうすると、A社だけで融資を受けていても、B社の決算書の提出も銀行は融資審査において要求してくることがあります。なぜなら銀行は、次のことを警戒するからです。

・B社の業績が悪くなったら、A社で融資を受けてB社へお金を流すのではないか
・A社の業績が悪くなったら、A社の事業をB社に移し、B社だけ生き残らせてA社はつぶすのではないか

A社とB社との関係が近いと、A社とB社の経営判断は同じ経営者、同じ家族で行われ、このような操作が行いやすいです。そのため、銀行からいらぬ疑いをかけられないようにしたいです。

関係会社を作ることは融資の受けやすさを考える上ではプラスには働きません。

また関係会社を作るなら実質同一体と見られないように、経営をしっかりと分離したいものです。

7-4 個人事業主は法人成りしておく

「法人成り」とは、事業を行うにあたって株式会社など、法人化することです。

個人事業主より法人のほうが、融資は受けやすいです。

そのため銀行から融資を受けていきたいのなら、法人成りしておくべきです。そのタイミングは、早ければ早いほどよいです。

融資申込みの直前になってやっと法人成りするというのではいけません。融資審査において、法人にしてからどれだけの年月が経ったのか、いわゆる「業歴」も審査ポイントの１つとなります。

業歴が長いほど銀行からの信用は高くなります。そのためにも早く、法人にしておいたほうがよいのです。

法人にすると、決算書を１年に１回、作ることになります。

そこには、法人としての業績や財務内容が表されます。

個人事業主の場合よりも、法人のほうが、経営者個人の家計と法人の事業との分離が明確であり、銀行は、法人の決算書のほうを信頼しやすいものです。

また、期の途中の試算表も、個人事業主の場合より法人のほうが、しっかりと作っている場合が多いものです。

法人になると損益の管理が充実してくるものです。

なお銀行だけでなく、取引先に対しても、個人事業主より法人のほうが見栄えがよく、個人事業主であれば取引しない企業もあるものです。

事業を発展させ、銀行から信用を得て融資を増やしていくには、早いうちに法人成りしておいたほうがよいです。

Chapter 8

信用保証協会保証付融資

8-1 信用保証協会保証付融資

（1）信用保証協会保証付融資とは

プロパー融資を受けられない会社は、それより出やすい融資である信用保証協会保証付融資を考えます。

創業したばかりの会社や、創業して２～３年ぐらいしか経っておらず、まだ銀行から融資を受けたことがない会社は、信用保証協会保証付融資か、日本政策金融公庫の国民生活事業で融資を受けるのが基本です。

会社が成長して財務内容・業績がよくなり、信用保証協会保証付融資での返済実績がついていけば、銀行でプロパー融資を受けられるよう目指していくとよいです。

「信用保証協会」とは、企業が銀行から融資を受けるにあたって、保証人となって融資を容易にし、企業の育成を金融の面から支援してくれる機関です。

信用保証協会は、全国 47 都道府県それぞれに１つ以上あります。企業が銀行から融資を受けるにあたって、銀行からプロパー融資を受けることが難しい場合、融資の保証を信用保証協会に依頼することによって融資が受けやすくなります。

銀行としては、信用保証協会の保証がついている融資なら、もし融資先企業が倒産しても信用保証協会から代わりの返済がある（「代位弁済」と言う）ため、安心して融資を実行することができます。

企業が信用保証協会を利用するのは、銀行からプロパー融資を受けることが難しいからですが、他にもメリットはあります。

国や地方公共団体が、信用保証協会の保証をつけることを前提とした定型の融資の制度（「制度融資」と言う）を用意しています。

制度融資の中には、低い金利の融資、利子補給を受けられる融資、信用保証協会に支払う保証料の一部が補助される融資があります。

ただ、一般の信用保証協会保証付融資よりこれら制度融資の審査がゆるいわけではありません。

また信用保証協会保証付融資は、プロパー融資より返済期間を長くすることができます。返済期間は長ければ長いほど貸倒れのリスクが増すため、銀行はできるだけ返済期間を短くした融資を出そうとします。

しかし信用保証協会の保証があればこのかぎりではありません。5～7年、もしくはもっと長い融資も可能です。

ただプロパー融資で受けることが一番の理想ですので、信用保証協会保証付融資は将来、プロパー融資を受けられるようになるための通過点、と考えてください。

信用保証協会が利用できる企業には、一定の条件があります。

（2）信用保証協会保証付融資が受けられる企業の要件

企業規模要件・所在地要件・業種要件全てを満たしていれば、信用保証協会を利用できます。詳しく見ていきましょう。

ⅰ 企業規模

下の表の資本金要件･従業員要件のいずれか一方が該当していれば、信用保証協会を利用できます。

企業規模

業種	資本金	従業員
製造業等	3億円以下	300人以下
卸売業	1億円以下	100人以下
サービス業	5,000万円以下	100人以下
小売業	5,000万円以下	50人以下
医療法人等	―	300人以下

また表の業種の中でも、特定の業種に対しては要件が緩和されています。

ⅱ 所在地

各地方の信用保証協会の管轄地内に、法人の場合は本店または事業所のいずれかを、個人事業者の場合は住居または事業所のいずれかを有し、事業を営んでいることが必要です。

ⅲ 業種

農林・漁業、遊興娯楽業のうち風俗関連営業、金融業、宗教法人、非営利団体（ＮＰＯ法人を除く）、その他信用保証協会が支援するのは難しいと判断した場合には利用することができません。

なお、許認可や届出等を必要とする業種を営んでいる場合は、当該事業に係る許認可等を受けていることが必要です。

（3）信用保証協会保証付融資で受けられない資金使途

信用保証協会の保証が受けられる融資は、企業がその事業を行うのに必要な事業資金にかぎられ、次の場合に受けることはできません。

ⅰ 転貸資金

取引先や子会社等への貸付けを行うための資金は、原則として保証は受けられません。

ⅱ 子会社設立のための株式引受資金

原則、保証は受けられません。

ただし、保証申込企業の経営維持、業容拡大のために必要不可欠のものと認められる場合には保証を受けられることもあります。

ⅲ 旧債振替資金

これは、銀行が信用保証協会保証付融資の全部または一部を、保証付となっていない､その銀行のプロパー融資の返済に充てる場合です。

ただし、中小企業の指導育成上必要なものであって、その旨を保証の申込みで明記し、信用保証協会が特別の事情ありと認めて承諾した場合のみ、可能となります。

その際は信用保証協会が発行する信用保証書に、保証条件として明記されます。

ⅳ 保証の対象業種と非対象業種を兼業する企業が保証を申し込む場合

保証による資金が、保証対象業種としての事業に使用されることが明確な場合にのみ利用できます。

ⅴ 事業外の資金

住宅資金・営業外の車両購入資金・婚礼資金・生活資金等は事業に直接関係ないものであり、保証は受けられません。

例えば、会社名義で信用保証協会保証付融資を受け、代表者等の個人名義の不動産の購入、住宅建築等に使うことはいけません。

通常の事業資金を資金使途として保証申込みをして保証を得、融資実行に至ったとしましょう。上記のようなことに融資の資金を利用し、その企業が倒産し信用保証協会の代位弁済という事態になったらどうなるでしょうか。借りたお金を違うことに使ったという事実が信用保証協会にわかれば、銀行は信用保証協会から代位弁済を受けられないこととなります。

つまり、せっかくつけた信用保証協会の保証が機能せず、銀行は貸倒れを作ることになってしまうのです。

そのため、銀行は信用保証協会保証付融資を実行した後も、上記のことに資金を流用されないか、チェックをします。

融資を実行した企業の、預金口座の入出金明細を逐一とって監視している銀行もあります。

上記のことに資金を流用して銀行からの信用をなくさないよう、気をつけてください。

（4）信用保証協会保証付融資の申込み方

申込み方法は、銀行に直接申し込む方法と、信用保証協会に直接申し込む方法があります。ほとんどの場合は、銀行へ直接申し込みます。

信用保証協会は、保証した融資が貸倒れとなって銀行に代位弁済を行えば、それだけ損失を出してしまいます。そのため信用保証協会保証付融資では銀行だけではなく信用保証協会も、保証を依頼された融資に対して審査を行います。

なお、信用保証協会に保証してもらう場合、保証料を信用保証協会に支払わなければなりません。保証料は、保証の制度と、保証を受ける企業の業種と決算書とを信用保証協会でコンピュータにかけて分析する「ＣＲＤ」という格付により決まります。

ＣＲＤは、倒産リスクを計算して９段階に分かれます。決算書の内容が悪いほうが、倒産リスクは高くなりそのぶん、保証料は高くなります。あらかじめ保証料を知っておきたい場合は、銀行を通して信用保証協会に依頼するとだいたいの保証料を計算してくれます。

なお、保証料は融資実行時に一括で支払いますが、分割を希望すれば可能です。信用保証協会としては、銀行がよければ保証料は分割支払いでよいのですが、銀行のほうが、事務が大変になるため嫌がるかもしれません。

（5）はじめて信用保証協会を使う場合に、保証を断られるケース

はじめて信用保証協会に保証を申し込んだ場合、信用保証協会の職

員が企業に訪問してきます。

多くの資料を見せてほしいと要求され、また経営者と面談を行います。決算書の内容が特に悪くなくても、信用保証協会は保証を行うのを嫌がるケースがあります。

また、はじめての面談で信用保証協会が保証を出さなければ、その審査の履歴が信用保証協会に記録されます。審査が通らなかった理由によっては、今後その会社は、二度と信用保証協会の保証を受けられないかもしれません。そうならないよう、信用保証協会の訪問時に企業は万全の体制で臨みたいものです。

次は、決算書の内容が特に悪くなくても保証が受けられないケースでよくあるものです。

i 代表者が名前だけの代表である

企業の中には、代表者が名前だけの代表者で、別に真の経営者がいるケースがあります。

例えば、真の経営者が過去に別の会社を経営していて、銀行へ貸倒れを出してしまい、新しい会社で融資を受けようと、代表者を別の人としたケースです。

しかし代表者が名前だけの代表者であろうと、信用保証協会はその代表者との面談を要求し、さらに代表者以外の同席を認めないことが多いです。そして面談で、事業内容など信用保証協会からの質問に満足に答えることができず、その代表者は真の経営者ではないとわかってしまったら、信用保証協会はその会社へ保証を行うのが難しくなります。なぜ真の経営者ではなく名前だけの代表者を就任させたのか、その理由を探ります。それがよほど信用保証協会に納得の行く理由でないかぎり、保証は難しくなるでしょう。

また、融資の連帯保証人は代表者がなるのが普通ですが、名前だけの代表者は、連帯保証人になるのを嫌がって、それで話が進まなくなるケースも多いです。

代表者は、その会社の事業に実際にしっかり関わることのできる人、そして連帯保証人になる覚悟のある人が就任したいものです。

なお別のケースとして、大株主と、代表者が別の場合があります。つまり代表者は雇われ社長です。

この場合、大株主は資金を提供して会社を作り、代表者に経営を任せているため、その代表者は実際の経営者です。

また大株主はその名前が株主名簿に出ているため、過去に銀行で貸倒れを出したというような後ろめたいこともないでしょう。

この場合、代表者は雇われ社長でありながらも実際の経営者であるため、信用保証協会は保証を行ってくれます。ただ大株主は最終的な経営権を握っているということで、代表者とともに大株主も連帯保証人になるよう信用保証協会から要求されることが多いです。

ii すでに保証付融資を受けている会社の関係会社

信用保証協会保証付融資をすでに受けているＡ社の代表者Ｂが、代表者をやめ別の会社、Ｃ社の代表者になり、Ｃ社ではじめて信用保証協会保証付融資を受けたい場合はどうでしょうか。

信用保証協会はＢが代表者であった時に受けたＡ社の信用保証協会保証付融資が完済となるまでは、Ｃ社の保証は行いにくいものです。

なぜなら信用保証協会としては、ＢがＣ社を作ったのは、信用保証協会の保証を受ける窓口を増やしたかったからではないか、と考えてしまうからです。

経営者の中には、会社がいくつもあればそれだけ信用保証協会から保証を受けられる会社が増え、多くの信用保証協会保証付融資が受けられると発想する人がいますが、そうはなりません。

前にも述べた通り、関係会社があっても、銀行の実質同一体の考え方と同じようにグループを１つの会社として信用保証協会は見てきます。

関係会社を作りたがる経営者は多いものですが、それで信用保証協会の保証を受けにくくしてしまうケースをよく見ます。何かの事情で関係会社を作りたいと考えるのであっても、実質同一体として見られないように気を付けたいものです。

ⅲ 代表者の個人信用情報に傷がある

信用保証協会によっては、個人信用情報機関に加盟し、代表者の個人信用情報を参考にしていることがあります。そこを見たら、過去に破産や債務整理をしたという情報、別のノンバンク等で延滞があるという情報が掲載されていて、信用保証協会の保証が受けられないことがあります。

経営者は、あらかじめ自分の個人信用情報をチェックしておきたいものです。

ⅳ 債権譲渡登記が存在する

商業登記簿には、付随するもので債権の譲渡登記事項概要ファイルがあります。

「債権譲渡登記」とは、その会社が持っている売掛金などの債権を担保にノンバンク等が融資をした場合などに行われます。ノンバンク等が該当する売掛金を担保にとる時にする登記です。

債権譲渡登記が行われている会社では、売掛金などの債権を担保にした融資があることが想定されます。売掛金を担保にしないと、融資が受けられないほど資金繰りがひっ迫している企業と見られ、信用保証協会はそのような会社の保証を行うことに慎重になります。
信用保証協会によっては、債権譲渡登記の有無を調べているところもあります。
商業登記簿を取得する時に訪問する法務局で、自分の会社の債権登記事項概要ファイルを取得することができ、それを見ることによって、自分の会社に債権譲渡登記が存在するかを調べることができます。
もし債権譲渡登記があるのであれば、売掛金を担保にした融資が行われていると考えられます。その融資を返済して債権譲渡登記を抹消した上で、信用保証協会の保証を申し込みたいものです。

以上のように、決算書の内容が特に悪くなくても保証が受けられない理由として、次の４つがよく見られるケースです。

・真の経営者が別にいる
・関係会社がある
・代表者の個人信用情報に傷がある
・債権譲渡登記が存在する

もちろん決算書の内容が悪ければ、そのことにより信用保証協会の保証は難しくなります。
反社会的勢力の関係が疑われても当然ダメです。信用保証協会保証付融資は、銀行から融資を受けるにあたってのスタートとなるものですが、このような理由から信用保証協会で保証が受けられなければ、今後の銀行からの資金調達にとても苦労することになります。
企業が今後、できるだけ多くの資金調達ができるようになるために一番重要な局面が、信用保証協会へのはじめての保証申込みの場面と言えます。

（6）信用保証協会とのはじめの面談

信用保証協会にはじめて申し込んだ場合、信用保証協会の職員が自分の会社にやってきます。そこでは、実際に事業を行っている会社かどうかが第一のチェックポイントです。仕事をやっているような事務所であるほうが当然よいですし、事務所が自宅でも、机や書類、応接があるなど、仕事をそこでやっている雰囲気を信用保証協会の職員に感じてもらいたいものです。

◆ 面談の書類

信用保証協会との面談では、次のような必要書類をあらかじめ用意するよう言われます。

・本社の事務所で事業をしている証拠となる資料
　事務所が賃貸の場合、賃貸契約書。自社所有の場合、不動産登記簿
・代表者が自宅に住んでいることが確認できる資料
　自宅が賃貸の場合、賃貸契約書。自己所有の場合、不動産登記簿。
　また自宅の公共料金の請求書
・会社の預金口座の通帳１年分
・仕入先や外注先からの請求書
・決算書
・直近の試算表
・総勘定元帳
・建設業などでは、受注状況の一覧
・許認可が必要な業種の場合、許認可証

なおこれらの書類は、原本で用意できるものは原本で要求されます。

こう見ると、信用保証協会からはすみずみまでチェックされることがわかります。これらの書類は、会社経営を普通に行っていれば、用意するのに特に難しいことはない書類ばかりです。

これらの書類が堂々と用意できるよう、経営者はしっかりと自分の会社を経営し、管理面もしっかり行っていきたいものです。

◆ 面談の質問事項

また信用保証協会の職員から聞かれる質問には、次のようなことがあります。

- 保証申込窓口となった銀行との取引のきっかけ。融資を相談したきっかけ
- 代表者の経歴。なぜ会社を立ち上げたのか、どういう経緯で立ち上げたのか。以前、どんな仕事をやっていたのか
- 配偶者、親、兄弟は何をやっているのか。家族が別に会社を経営している場合、その会社との関係はどうか。取引はあるのか
- 代表者は他の会社の代表もしくは役員をやっているのか
- 事業の内容はどうか
- 会社の特徴、売りは何か
- 本店登記の住所はどこか。その場所となった経緯はどうなのか
- 事務所が賃貸の場合、家賃はいくらか
- 預金口座の通帳の内容
- 税理士が最近変わっていれば、その理由は何か
- 売掛先からの入金がないところがあるのか。入金先の預金口座はどこか。回収が長期化しているのはあるのか
- 決算書の内容の詳細
- 回収の締め日・回収日、支払いの締め日・支払日

信用保証協会は、疑念点が残らないよう詳細に聞いてきますし、疑念点が残るとそれが信用保証協会の審査に響いてきます。

これらは、経営者がしっかり経営していればいずれもすぐに答えられるものばかりです。

答えられなくて信用保証協会から疑念を持たれないようにしておきたいものです。

Chapter 9

政府系金融機関

9-1 政府系金融機関

◆ 政府系金融機関の位置づけ

政府系金融機関と、銀行など民間金融機関、この大きな違いとは、営利を目的とするかどうかです。

政府系金融機関の位置づけは、民間金融機関を補完することです。そのため、銀行のプロパー融資を受けられない企業が、信用保証協会保証付融資と、政府系金融機関の活用を考えたいものです。

政府系金融機関は、利益を上げることが第一の目的ではありません。企業の育成のために金融面から支援を行い、その結果、経済を活性化させることが使命としてあるのです。

このような使命があるので、政府系金融機関は、銀行よりリスクを多くとります。

銀行がプロパー融資の方法で融資できないとされた企業も、信用保証協会保証付融資の場合と同じように、政府系金融機関からなら融資を受けられることが多くあります。

しかし、政府系金融機関にもデメリットがあります。

支店が少ないこと、また、１つの支店はたくさんの企業を受け持つため、１つひとつの企業に親身になって応対することが少ないことです。

政府系金融機関は、民間金融機関つまり銀行などを補完する位置づけであり、政府系金融機関のみから融資を受けるのではなく、銀行から融資を受けていき、それを政府系金融機関の融資で補完していくようにしてください。金額が2,000万円ぐらいまでなら政府系金融機関からだけでも足りるかもしれないですが、それ以上の融資を受けていくには、銀行での融資の返済実績をつけていき、将来、銀行で多くの金額を調達していけるようにするべきです。

中小企業で利用する政府系金融機関は、日本政策金融公庫と、商工組合中央金庫です。そして日本政策金融公庫は、2008年にいくつかの政府系金融機関が合併してできた経緯から、国民生活事業、中小企業事業、農林水産事業があります。

日本政策金融公庫の国民生活事業が年商数百万円～5億円あたりの規模が比較的小さい企業、日本政策金融公庫の中小企業事業や商工組合中央金庫は、年商が5億円あたり以上の比較的規模が大きい企業に対応してくれるイメージです。

各機関の融資の特徴

政府系金融機関	融資の特徴
日本政策金融公庫（国民生活事業）	小規模企業・自営業向け融資の取扱いが多い。業歴がある企業だけでなく、創業者向け融資も出してくれやすい
日本政策金融公庫（中小企業事業）	日本政策金融公庫の国民生活事業よりも、比較的規模が大きい企業に対応する。設備資金等、金額が大きく期間が長い融資の取扱いが多い
商工組合中央金庫	日本政策金融公庫の国民生活事業よりも、比較的規模が大きい企業に対応する。預金も受け入れており、民間の銀行と変わらない

なお、これから事業をはじめる方は、創業資金の融資を受けるために日本政策金融公庫の国民生活事業の窓口に行くことがよいです。

新規開業資金、女性・若者・シニア起業家支援資金といった融資制度があり、新規開業者の資金調達に役に立ちます。

◆ 政府系金融機関へ訪問する

政府系金融機関も民間金融機関と同じように、融資の審査がしっかり行われることには変わりません。民間金融機関と違って、政府系金融機関は企業に訪問してくれません。そのため企業が政府系金融機関に訪問し、融資の相談をします。

融資の相談のきっかけの作り方は、日本政策金融公庫の国民生活事業では、直接の窓口の他、商工会議所、商工会、税理士、銀行や信用金庫からの紹介など、さまざまです。

直接、日本政策金融公庫に行くより、商工会議所、商工会、税理士、銀行や信用金庫に紹介してもらって行ったほうが、審査がスムーズに行くことが多いです。なお日本政策金融公庫の中小企業事業や商工組合中央金庫へは、直接訪問がよいです。

日本政策金融公庫では、国民生活事業と中小企業事業とがありますが、これらは別の金融機関のようなものであり、審査は別々に行われます。つまり、同時に国民生活事業と中小企業事業に融資の相談に行ってもよいのです。この２つの事業からそれぞれ融資を受けている企業もあります。

次に、政府系金融機関の中でも中小企業が使うことの多い、日本政策金融公庫の国民生活事業での融資審査の方法を述べます。

（1）日本政策金融公庫・国民生活事業での融資審査

日本政策金融公庫の国民生活事業では、融資限度額は基本7,200万円、うち運転資金は4,800万円です。また生活衛生関係※の事業であれば、限度額はもっと大きいです。

ただ、どのような会社でも限度額いっぱいまで融資が受けられるわけではなく、財務内容や業績、売上規模などにより、融資審査がなされて金額が決まります。

融資を受ける会社において、融資残高2,000万円となる融資までは支店で決裁されますが、それを超えると本部決裁となり、要求される書類が多くなり、本部決裁のため審査も厳しくなります。日本政策金融公庫の国民生活事業では総額2,000万円までを1つの目安として考えるとよいでしょう。自分の会社の決算書がよいのであればそれを超える融資を申し込んでもよいでしょう。

※生活衛生関係の事業

飲食業、食肉販売店、氷屋、理容店、美容店、クリーニング店、銭湯、旅館・ホテル、映画館など

日本政策金融公庫に融資を申込むと、1週間後あたりに公庫との面接日が設定され、経営者は公庫に訪問することになります。その時に次のような書類を持参するよう言われます。

・決算書
・試算表
・税金（法人税・事業税・消費税・源泉所得税）の領収書や、納税証明書
・会社の預金口座通帳と、経営者個人の預金口座通帳。1年分。取引で

よく使用されるものを持ってくるよう言われることが多い
・会社や代表者個人での借入金の返済予定表や、借入残高がわかるもの
・会社や代表者個人で所有している不動産の固定資産税課税明細書
・許認可が必要な業種であれば許認可証

またはじめての日本政策金融公庫との取引の場合、総勘定元帳も持ってくるよう言われることが多いです。

◆ 日本政策金融公庫との面談

これらの資料をもとに代表者は日本政策金融公庫から面接を受けます。代表者以外の人は席を外すよう言われることが多く、代表者だけとの面談により、代表者の資質を観察するのでしょう。

特にじっくり見られるものは、預金口座の通帳です。

ここでは特に、社会保険の滞納がないか、他の銀行の借入金返済の遅れがないか、そして売上の入金額が決算書や試算表での売上高と相違ないか、見られます。

またノンバンクからの借入れや返済状況も見られます。代表者は通帳を見ての質問に、しっかり答えられるようにしたいです。

他の銀行でリスケジュール、つまり融資返済の減額・猶予が行われているかを通帳で調べられます。他の銀行でリスケジュールを行っているからといって日本政策金融公庫から融資が出ないわけではないですが、その場合、融資を出すことに他の銀行の同意を求めます。

他の銀行がリスケジュールを今後も続けても、日本政策金融公庫の融資は返済を続けてもらう同意を求められます。

また日本政策金融公庫は個人信用情報を見ますので、代表者個人や会社でノンバンクからの借入れがあれば、日本政策金融公庫へは正直

に伝えるようにします。

なおノンバンクから会社で借りていても、代表者は連帯保証人となるため、個人信用情報を見ればノンバンクから会社で借りていることもわかります。そこでウソをついて、ノンバンクから借りていても日本政策金融公庫へ言わないとすると、日本政策金融公庫は代表者がウソをついていることがわかってしまいます。ウソをつかれるほど、金融機関に対して印象が悪いことはありません。ノンバンクから借りていれば審査はそのぶん、厳しくはなりますが、ただウソをつかれるよりはよほどましです。

日本政策金融公庫とのはじめの取引では、総勘定元帳を見られることが多いです。「総勘定元帳」とは、決算書ができあがるまでの仕訳データが掲載されたものであり、決算書に粉飾があると、総勘定元帳を見られることによりわかってしまいます。

政府系金融機関だからといって審査は甘いわけではありません。信用保証協会と同じぐらいの審査の厳しさであり、決算書の内容が特に重視されるのは、他の銀行と変わりません。

また銀行でも、新規の企業より、既存の融資先企業への信用のほうが高いものですが、日本政策金融公庫でも同じです。

日本政策金融公庫は、既存の融資先であれば、多少業績が悪化していても融資をしてくれることは多いです。

そのため日本政策金融公庫とは早いうちから融資を受けて、返済実績を積み上げておきたいものです。

Chapter 10

ノンバンク

10-1 ノンバンク

ノンバンクは、できるだけ使わないに越したことはありません。しかし、決算書の内容が悪いなどで、銀行でのプロパー融資、信用保証協会保証付融資、ノンバンク保証付融資、また政府系金融機関からも融資が出ない場合、どうしたらよいのでしょうか。

(1) まずはリスケジュール

融資が受けられない一方で、すでに銀行や政府系金融機関から受けている融資の返済を続けていれば現金は減っていく一方ですから、融資の減額、猶予の交渉を行います。

「リスケジュール」と言われるものです。次の図を見てください。

キャッシュフロー	融資の返済

「キャッシュフロー」とは、事業を行って得られる利益から得られる現金のことです。融資の返済は、このキャッシュフローの中から行うのが基本です。それができれば、新たな融資を受けなくても資金繰りは回ります。しかし、キャッシュフロー内で返済がまかなえる企業はなかなかありません。

例えば年間のキャッシュフローが＋600万円、年間の返済額が△3,600万円であれば、年間△3,000万円の現金がなくなります。

その場合、現金をもとの状態に戻すには年間3,000万円の資金調達をしなければなりません。そのために、銀行から融資を受けるようにします。しかし銀行から融資が受けられない、つまり融資を申し込んでも審査が通らない場合、融資の返済を続けるにはどうしたらよいでしょうか。まず、キャッシュフローを大きくすることを考えてみます。

キャッシュフローを大きくする

キャッシュフロー　＋600万円	融資の返済　△3,600万円

↓

キャッシュフロー　＋3,600万円	融資の返済　△3,600万円

キャッシュフローを大きくするには利益を大きくするしかありません。しかし、利益をすぐに大きくするのはなかなか難しいものです。それであれば、融資の返済金額を少なくすることを考えます。

融資の返済を少なくする

キャッシュフロー　＋600万円	融資の返済　△3,600万円

↓

キャッシュフロー　＋600万円	融資の返済　△600万円

キャッシュフロー内に返済が収まるように、融資の返済額を少なくします。これが、リスケジュールと呼ばれる方法です。

銀行等に相談し、返済額を減額してもらいます。できるだけ、毎月の元金の返済を0円にしたいものです。利益を少し上げていても、それで得られるキャッシュフロー分を全て返済に充てていたら、現金は貯まらず、厳しい資金繰りの経営を続けることになります。

そのため毎月の元金の返済を0円にするよう銀行等に交渉すべきな

のです。ただ利息までは支払いを猶予してくれないため、支払い続けます。また一括返済の融資が他にあったら、これも返済期日に一括で支払わず、分割で支払っていく交渉を行います。分割支払いといっても、これも毎月の元金返済が０円になるよう目指すべきです。

（2）リスケジュールを行ったら、ノンバンクで立て直し資金を確保する

リスケジュールを行って返済負担がなくなっても、一方で会社立て直しのための資金を確保したいものです。

リスケジュールを早い時期に行って、現金がまだ豊富にあるうちにそれを元手に会社の立て直しに取り掛かるのが理想です。

しかし、現金が尽きるギリギリまで返済を続けてしまい、手もとに現金がほとんど残っていない企業もあります。そのような企業は、これから会社を立て直していくための資金を確保したいです。そこでノンバンクからの調達を考えます。

ノンバンクから資金調達を行う場合、銀行でのリスケジュールは事前に、もしくは同時に行っておくべきです。ノンバンクで融資を受けるデメリットは、金利が高いことです。

銀行等のリスケジュールを行っていないと、金利が高い融資で調達した資金を金利が低い銀行等の融資の返済に充ててしまうことになり、本末転倒です。

（3）ノンバンクは会社で借りるより、個人で借りることを優先する

ノンバンクで借入れする場合、できるだけ、会社で借りるより個人で借入れしたいものです。

会社で借りると、決算書に付随する勘定科目内訳書の中の、借入金の内訳で、ノンバンクから借入れしていることが掲載されます。銀行や信用保証協会、政府系金融機関は、ノンバンクから借入れを行っている企業を厳しく見るものです。

一方、経営者個人でノンバンクから借入れを行って会社へ貸付けすれば、会社の勘定科目内訳書の借入金内訳には、「経営者からの借入」と掲載されます。

経営者の個人信用情報を見れば、ノンバンクから借入れしていることはわかってしまうものの、できることはしておきたいものです。

会社で借りるのと個人で借りるのとでは、個人で借りるほうを優先します。

では、次からノンバンクでの融資の種類を具体的に見ていきます。ノンバンクそれぞれは、融資のやり方に特徴を持っており、自分の会社の状況からどのようなノンバンクからの資金調達が合うかを見て、資金調達の計画を組み立てていきます。

（4）ノンバンクの無担保融資

ノンバンクの無担保融資では､企業向けに融資を行うノンバンクと、個人向けに融資を行うノンバンクとがあります。

金利は、金額100万円以上であれば年15%以内、金額10万円以上100万円未満であれば年18%以内です。

まず企業向けに融資を行うノンバンクの場合、ノンバンク1社から借りられる金額は150万円あたりが限界です。

融資方法には、カードローンの形と、融資を出して毎月返済を行う形があります。カードローンの形の場合は、いくらまでなら借りられるという極度額を設定して、極度額の範囲内で、いつでも借りたり返したりできます。毎月返済を行う形でも返済を延滞なく続けていけば、また新たな借入れを行うことができます。ノンバンク１社で150万円しか借り入れできなくても、返済実績をつけていけば、１～２年後に金額を増額して貸してくれることもあります。ノンバンクでも返済実績は重要なのです。

例えばあるノンバンクで、審査結果50万円しか出なかったからと融資実行を断る経営者がいますが、それではダメです。

審査結果は、それが現実だと受け止め、返済実績をつけていくために少額の結果であろうと融資を受けるべきです。

なおノンバンク１社から借りられる金額は少額ですので、２～３社の組合せで総額を増やしていくことを考えます。

次に、個人向けに融資するノンバンクの場合です。

カードローンの形で融資することが多いです。

なお銀行でもノンバンクの保証をつけて、個人向けカードローンの商品を用意しています。

ノンバンクの無担保融資を会社で借りる場合、代表者は連帯保証人になりますが、会社に関係のない連帯保証人（第三者保証人）をつけることを条件として、多めの融資を出すノンバンクもあります。その連帯保証人は、融資を受ける会社とは別から収入を得ていることが条件で、配偶者や親が保証人となることを認めてくれることもあります。ただ返済できなくなると連帯保証人へ取立てが行きますので、第三者保証人を連帯保証人につけることは考えものです。

ノンバンクの金利が高いことについて、考えてみます。ノンバンクの無担保融資を、２社で合計300万円借入れをして、年利15%であれば、年間の利息は45万円です。年間利息45万円は、銀行から3,000万円を金利1.5%で融資を受けた場合の年間利息と同じになります。

ノンバンクの金利は高いですが、一方でノンバンクは少額しか融資しないため、利息の絶対額としては少なくなります。

銀行から融資を受けられない状態で現金もほとんど残っていない中、ノンバンクからの融資は会社を立て直すための資金として割り切って考えることができます。

(5)個人信用情報

ノンバンクの無担保融資を受けるにあたっては、個人信用情報が審査に大きく影響します。それが、決算書が審査に大きく影響する銀行の融資とは違うところです。

決算書の内容がとても悪くても、個人信用情報の内容に問題なければノンバンクの無担保融資を受けられることは多いものです。そのため、ノンバンクからの資金調達を考えるにあたって、個人信用情報はとても大事となります。

もちろん、銀行や信用保証協会保証付、政府系金融機関も個人信用情報を見ることはできますが、それらは個人信用情報よりも決算書の内容のほうを重視する傾向にあります。

◆ 個人信用情報機関

個人信用情報機関は、3つあります。「全国銀行個人信用情報センター」「CIC」「日本信用情報機構(JICC)」です。

・全国銀行個人信用情報センター(全銀協)

全国銀行協会が運営している個人信用情報機関です。銀行・信託銀行・信用金庫・信用組合・農業協同組合・銀行系のノンバンク・銀行系の保証会社などが加盟しています。

・ＣＩＣ……割賦販売会社や消費者金融などが加盟する個人信用情報機関

・ＪＩＣＣ……消費者金融、クレジット会社などが加盟する個人信用情報機関

ただ、日本政策金融公庫がＣＩＣに加盟していたり、ある信用保証協会はＪＩＣＣに加盟しているなど、金融会社の業態の違いで加盟できる個人信用情報機関が決まっているわけでありません。

各金融会社は自由に個人信用情報機関への加盟を決めることができます。

なお、それぞれの個人信用情報機関のホームページでは、どの金融機関が加盟しているかがわかります。

それぞれのノンバンクの融資の申込書にも、そのノンバンクはどの個人信用情報機関に加盟しているか、書いてあります。

◆ 個人信用情報機関に掲載される情報

個人信用情報機関で掲載される情報には次のようなものがあります。

ⅰ 氏名、生年月日、性別、住所、電話番号、勤務先、勤務先電話番号、運転免許証の記号番号
ⅱ 金融会社名、融資の形態、融資実行日、融資金額
ⅲ 返済日、融資残高、完済日、延滞状況
ⅳ 債権回収、債務整理、保証債務履行、強制解約、破産申立、債権譲渡
ⅴ 融資の申込情報

この中で、ノンバンク審査に大きく影響を与えるのは、iiiの延滞情報、ivの債務整理や破産などの情報です。延滞情報は、直近２〜３ヵ月の延滞をノンバンクはとても嫌います。

それ以前に延滞があってここ数ヵ月は延滞なく返済しているのであれば、全く延滞ない場合よりは厳しくはなるものの、大目に見てくれることもあります。

ivの債務整理や破産などの情報は、５年（全銀協の場合、破産情報は10年）で消えますが、これも審査に大きく影響します。

ノンバンクの無担保融資の場合、直近２〜３ヵ月の延滞情報や、債務整理、破産などの情報は、融資を困難とすると考えてください。

◆ 融資の申込み情報

またの融資の申込み情報も、審査に影響があります。

これは６ヵ月で個人信用情報から消えるものです。ここ最近、いろいろなノンバンクに融資を申し込んでいたとしたら、その申込み情報を見た他のノンバンクとしては「なぜ最近、いろいろなところに申し込んでいるんだろう」と見て、審査を厳しくします。

そのため、ノンバンクは一気にいろいろなところに申し込むのではなく、はじめに申し込んだノンバンクで審査結果が出たなら、次のノンバンクに申し込むというように順番に行います。

それでも、３〜４社あたりまでが限界で、その後にノンバンクへの融資申込みを続けても審査は落ちることでしょう。

ただ６ヵ月経てば、申込み情報が消えるため、またノンバンクに申し込んで融資を受けやすくなります。

なお、申し込んだノンバンクで審査結果が、希望した金額より少額になってしまっても、少額だからと融資を辞退するのはよくありません。その後、個人信用情報を見た別のノンバンクからは、その融資審査は落ちたのではないか、と見られてしまいます。

本当は少額だからと融資を辞退しただけですが、個人信用情報としては融資は申し込んだものの、融資を受けていない、つまり審査が落ちてしまった、というように見られてしまい、その後に申し込むノンバンクの審査に影響が出てしまうことになります。

希望額より少額だからと融資を辞退せず、融資を受けるべきです。

個人信用情報は、信用情報機関への訪問や郵送での申込み、ネットでの申込みなど、いろいろな方法で自分の情報を取得できます。

３つの個人信用情報機関で情報を取得し、自分の信用情報がどうなっているかを確認した上で、資金調達をどのようにしていくかを考えていきたいものです。

（6）ノンバンクによる有担保融資

ノンバンクの中には、不動産や売掛金などを担保にした融資を特徴とするところがあります。

無担保融資の場合、代表者の個人信用情報が審査においてとても重視されますが、有担保融資の場合、個人信用情報よりも担保の価値が重視されます。担保となるもので代表的なものは不動産です。

ここでは、不動産と、さらに、売掛金、生命保険を担保にした融資を見ていきます。また、担保融資に近いものとして手形割引を見ていきます。

ｉ 不動産担保融資

不動産担保融資を専門で行っているノンバンクがあります。銀行で不動産を担保に入れて融資を受けることとの違いは次の点です。

・不動産担保の評価を高く見てくれること
・不動産価値重視で審査を行ってくれること

銀行で不動産を担保評価する場合、土地では時価の70％あたりです。一方、不動産担保融資専門のノンバンクでは時価の90～100％あたりで見てくれるところがあります。

それだけ担保評価を高く見てくれるため、銀行に比べて多くの融資を受けることが可能となります。また銀行が抵当権（根抵当権）をつけている土地に、後順位で抵当権（根抵当権）をつけて融資を受けることもできます。

また銀行は、不動産の担保価値よりも企業の決算書を重視して融資審査を行います。いくら担保となる不動産の評価が高くても、それよりも決算書の内容を重視して審査を行うため、決算書の内容が悪ければ融資が困難となることは多いです。

一方、不動産担保融資専門のノンバンクであれば、決算書の内容が悪かったり、または銀行でリスケジュールを行ったりしていても、不動産担保の価値が高ければ融資をしてくれます。

なおノンバンクでの不動産担保融資の金利は４％台～10％前後です。銀行系のノンバンクは金利が低くなる傾向にありますが、一方で審査は厳しくなります。銀行系でないノンバンクは金利が高くなる傾向にありますが、審査は柔軟になりやすいです。

不動産担保融資を行うノンバンクは、それぞれ、担保とできる不動産のテリトリーがあります。

全国対応でやってくれるノンバンクもあれば、地域限定のノンバンクもあります。

また不動産担保の価値を重視するのですが、その価値は、もし返済ができなくなった場合、競売で不動産をお金に換えやすいか、つまりいざとなった時の不動産の売りやすさが重視されます。

ノンバンクの不動産担保融資は、不動産の流通性をシビアに見て担保評価を行うため、流通性が低い地域の不動産は担保として見てくれないことが多く、そこがノンバンクによる不動産担保融資のデメリットとなります。

ii 売掛債権担保融資

売掛金を担保とした融資です。銀行でも売掛債権担保融資はありますが、売掛金は、担保にとったら毎月管理しなければならない煩雑さから、銀行では売掛債権担保融資はなかなか行われません。

しかし売掛債権担保融資に力を入れているノンバンクであれば、ノウハウが確立されているので、この方法で融資を出してくれます。

売掛金にもいろいろあります。１回かぎりの売上での売掛金があれば、毎月売上が上がる得意先への継続的な売掛金もあります。

継続的な取引であれば、常に一定の売掛金がその得意先に対して存在するようになります。継続取引の得意先がたくさんあれば、それらを束ねると常にまとまった金額の売掛金が存在することになります。このようにまとまった金額の売掛金が常に存在する会社であれば、売掛金を担保に融資が受けやすくなります。

なお売掛金を担保にするには、次のいずれかが必要です。

① 売掛先への通知
② 売掛先からの承諾
③ 融資を受ける会社の商業登記簿への債権譲渡登記

③の方法を使えば、売掛先に知らせないで売掛債権担保融資を行うことができます。
売掛債権担保融資を受けた事実を売掛先に知られたくないと考える経営者は多く、売掛先に知られない方法である③の方法が選択されることが大半です。

売掛債権担保融資のデメリットは、この債権譲渡登記です。銀行で融資先企業の情報を調べるうちの１つで、この債権譲渡登記の有無を見るところは多いです。
また取引先から債権譲渡登記を見られることもあるかもしれません。インターネットには登記情報をネット上で見ることができる登記情報提供サービスというサービスがありますが、それを使えば他社から、自分の会社の債権譲渡登記の有無は簡単に見られてしまうのです。
それを嫌がって、売掛債権担保融資による資金調達に踏み込めない企業も多いものです。
なお金利は、年５～15％です。

iii 生命保険を担保とした融資

解約すると解約返戻金が多く戻ってくる生命保険に加入していれば、生命保険を担保にその保険会社から融資を受けることができます。融資を受ける時点で解約したとした場合の解約返戻金の７～９割の融資を受けられます。金利は３～４％です。
なお保険会社によっては解約返戻金の７割しか融資受けられないと

ころがありますが、そこから２割上乗せした９割で、保険会社の代わりに保険証券を担保として融資をしてくれるノンバンクがあります。

解約返戻金がある生命保険をかけていて、その保険を担保にした融資を受けていないのであれば、生命保険会社から融資を受けられるかもしれません。

一方で、すでにそれを使って融資を受けているのであれば、解約返戻金の何割の融資が出ているのかを調べ、保険証券を担保にしてさらに多くの融資を受けられないかを、ノンバンクで相談するようにします。

ⅳ 手形割引

売掛先から手形を受け取ることがある会社の場合、手形割引で資金調達したいのに、手形の支払企業の信用状況が芳しくなく、加えて自社自身の業績も悪化しており、銀行が手形をなかなか割り引いてくれないことがあります。

また銀行で手形割引をふだんから行っている会社が、その銀行で手形割引とは別に受けている融資のリスケジュールを行うと、銀行によってはその後の手形割引を行うことができなくなることもあります。

このような場合、金利は高くなりますが、手形割引専門のノンバンクで手形割引を行うことができます。

ノンバンクの有担保融資には、以上の他、上場株式や国債・社債などの有価証券を担保にして融資を受ける方法があります。また在庫を担保に融資を受けられないか考える経営者は多くいますが、ノンバンクで在庫担保による融資を出してくれるところはありません。

Chapter 11

その他の資金調達

11-1 資産売却による資金調達

資産売却により資金調達する方法ですが、銀行や政府系金融機関から融資が受けられない時、それらの融資はリスケジュールした上、ノンバンクからの資金調達とともに考えてみたい手段です。

資金調達で売却を検討できる資産には、売掛金と、固定資産があります。ここでは、売掛金を売却する方法であるファクタリングと、固定資産を売却しながら使用し続ける方法である固定資産リースバックの方法を説明します。

またそれ以外にも、不要である資産を売却してお金に換えられないかを考えることができます。使っていない土地や建物、車両、売却してもかまわない他社の株式や国債・社債、不要であり解約返戻金が返ってくる生命保険などがあります。

自社にとって必要でない子会社・関連会社を他社に売却することによって現金を得る「M＆A」の方法もあります。

（1）売掛金の売却による資金調達－ファクタリング

「ファクタリング」とは、売掛金をファクタリング会社に売却して資金調達することを言います。

例えば、10月31日に300万円支払わなければならない先があったとして、手もとに支払う現金がなく資金調達したいと考えます。一方で、11月30日に500万円入金となる売掛金があったとします。この場合、500万円の売掛金をファクタリング会社に買い取ってもらい、現金を手にします。この手法をファクタリングと言います。

◆ ファクタリングの流れ

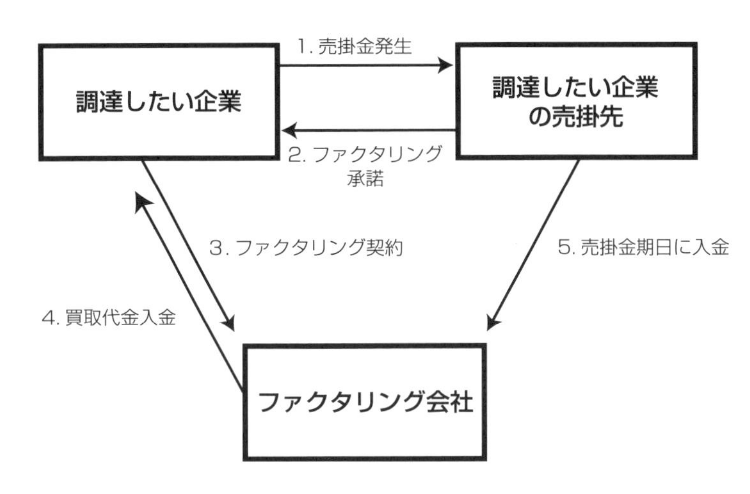

1. 調達したい企業には、すでに発生している売掛金がある
2. ファクタリングするために、売掛先から、ファクタリングを行うことの承諾をもらう
3. 調達したい企業はファクタリング会社とファクタリング契約をする
4. 売掛金を買い取ってもらいファクタリング会社から現金を受け取る
5. 売掛金の支払期日に、売掛先は、ファクタリング会社に対し売掛金を支払う

◆ 売掛債権担保融資とファクタリングの違い

前述した売掛債権担保融資も、売掛金を使った資金調達ですが、ファ

クタリングとの大きな違いは、売掛債権担保融資では売掛金を担保にする場合、継続的な売掛先が複数あってまとまった売掛金の束ができなければなりませんでした。

このファクタリングでは、継続的な売掛金でなくてもよいことです。

売掛債権担保融資は、例えば、継続的取引先20社で最低5,000万円の売掛金が毎月存在しており、その売掛金の束を担保に2,000万円の融資を受け、３年、毎月分割返済というように、あくまで融資です。一方でファクタリングは、１ヵ月後に回収予定の売掛金を、今すぐ現金が必要だからファクタリング会社に買い取ってもらって現金を手に入れるというように、売掛金を買い取ってもらって早期に現金を手に入れることです。

ファクタリングのデメリットは、ファクタリングを行いたいことを売掛先に伝えなければならないことです。

その場合、売掛先としては、「その会社（資金調達したい企業）の資金繰りは厳しいのではないか」と考えることでしょう。

警戒され、今後は取引を縮小、もしくは解消されてしまうかもしれません。それをおそれて、この手法での資金調達を行いたがらない経営者は多いものです。

なお、病院や薬局、介護事業者は、この手法での資金調達が広まっています。これらの売掛先は国民健康保険団体連合会や社会保険診療報酬支払基金になりますが、それらはファクタリングを行うことを承諾しますし、それで取引を解消することにはならないからです。

このファクタリングは、融資ではなく売掛金の売却として、融資のように利息ではなく、売却金額に対する「手数料」という表現を使います。手数料は１～1.5％あたりが相場です。

例えば、300万円をファクタリングで調達し、手数料1％であったら手数料は3万円となります。

（2）売掛先に知られない二者間ファクタリングは、手数料が法外に高いため使うべきではない

ファクタリングを行いたいことを売掛先に知られなくてもよいように、資金調達したい企業と、ファクタリング会社の間だけでファクタリングを行う手法があります。

調達したい企業とファクタリング会社との間だけで行う「二者間ファクタリング」と呼ばれ、売掛先の承諾を得て行う三者間ファクタリングとは区別します（下図）。

前項で説明したファクタリングは三者間ファクタリングとなります。

二者間ファクタリングの流れ

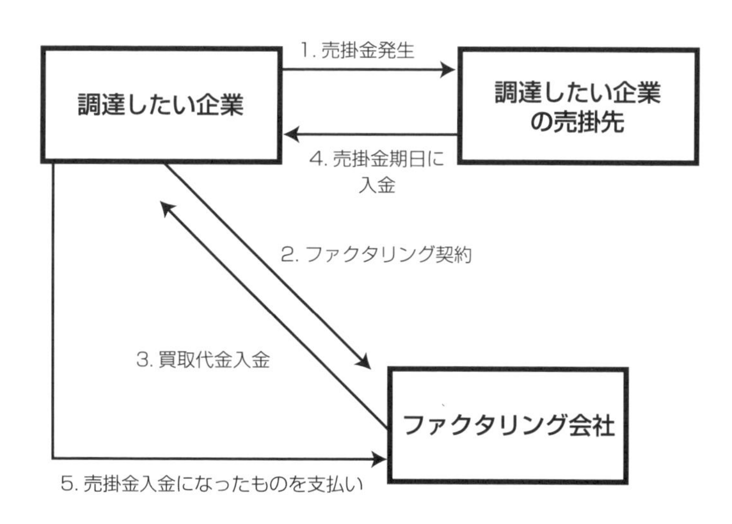

二者間ファクタリングでは、売掛先はファクタリングの事実を知らないですから、売掛金の支払い時期には、通常通り買掛先（＝ファクタリングで調達した企業）に売掛金が支払われ、そこからファクタリング会社に支払われて、ファクタリングは終了します。

この場合、売掛先からファクタリング会社に売掛金が支払われるのではないため、ファクタリング会社のリスクが高くなります。

ファクタリングで資金調達した企業が、売掛先から受け取った売掛金をファクタリング会社に支払わなければ、ファクタリング会社は回収できません。

この二者間ファクタリングを行うファクタリング会社はありますが、このようなリスクの高さから、三者間ファクタリングに比べて法外な手数料をとってきます。

前述の三者間ファクタリングでは、手数料は1～1.5%あたりが相場でしたが、この二者間ファクタリングでは、手数料は10%から、多ければ30%をとってくるファクタリング会社も存在します。

三者間ファクタリングの手数料であれば、資金調達する会社としては受け入れられる範囲です。

しかし、二者間ファクタリングの10～30%もの手数料ですと、それを1ヵ月の間、借入れする金利と考えれば、年利に換算すると120～360%にもなってしまい、負担が大きすぎます。

また、資金調達する会社にとって、ファクタリングは売掛金の前倒し回収での資金調達ですから、次の月にはまた資金が足りなくなりファクタリングを使うというように、ファクタリングは1回使うと使い続けざるをえないようになりがちです。

二者間ファクタリングでは法外な手数料をとられて、またファクタリングを使い続けざるをえないのであれば、その会社は破綻に向かってしまうことでしょう。

一方で三者間ファクタリングは、売掛先からファクタリング会社に売掛金を支払うことからファクタリング会社としてはリスクが低く、そのためファクタリングの手数料は低く抑えることができます。

売掛先にファクタリングを行いたいことを伝えることができるのなら、手数料の低い三者間ファクタリングを活用します。二者間ファクタリングは使わないようにすべきです。

なお、売掛先に知られない二者間ファクタリングの形でありながら、資金調達する会社名義で別に預金口座を作り、売掛先からはその口座に売掛金を入金してもらうことによって、ファクタリング会社のリスクを抑えて手数料を三者間ファクタリング並みに低くする手法が開発され、それを使って資金調達する会社が増えてきております。

そのような新しい手法により中小企業の資金調達手段が増えていくことを期待したいものです。

（3）固定資産のリースバック

固定資産リースバックとは、リース会社に固定資産を買い取ってもらい資金調達する方法です。

その資産は売却後リース会社からそのままリースしてもらい、使用を続けることができます。

この手法がよく使われるのは、トラックやバス・タクシーなど、車両を多く保有する事業を行う会社です。

所有権が自社にある車両をリース会社に買い取ってもらい、リース会社から代金をもらうことにより資金調達します。その後はリース料をリース会社へ支払っていくため、資金の流れとしては、新たな融資を受け返済していく形と近いものとなります。

ある運輸業の会社では、トラック40台あったのですが、それをリースバックして2,000万円調達できました。

また所有する不動産でも、この手法により資金調達できます。時価5,000万円の不動産を持っていて、銀行の根抵当権が3,500万円設定されていたとします。

不動産担保融資の場合、銀行の根抵当権の後順位ですと新たな融資はほとんど出せない評価であっても、その不動産を協力者に5,000万円で売却し、仲介手数料等諸費用を除いて手もとに1,000万円以上残り、資金調達できました。その不動産は、新たな所有者となった協力者から賃借しそのまま使い続けることができます。

このように、不動産でもリースバックの手法を使うことができます。不動産を担保に融資を受けるより、売却したほうが手もとに残る金額が大きくなるのであれば、考えてみたい手法です。

固定資産リースバックの流れ

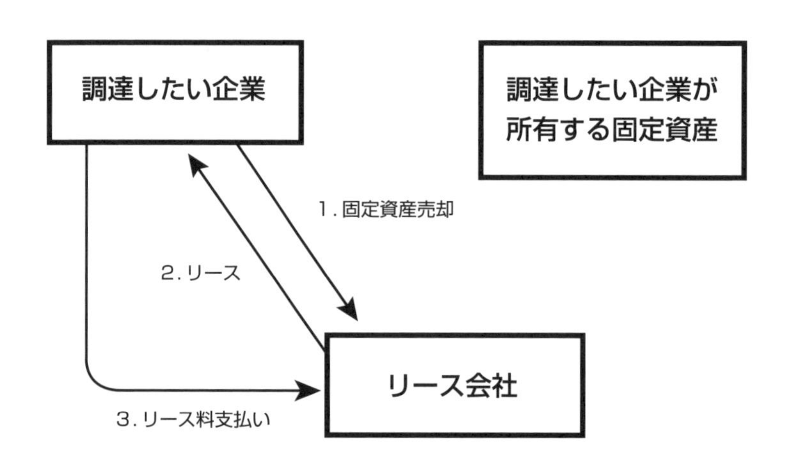

11-2 出資による資金調達

創業数年は赤字続きであるが、事業が将来大化けする可能性が高い会社は、銀行等からの融資による資金調達は難しく、出資により資金を集めることを考えたいです。

(1) ベンチャーキャピタルによる出資

出資者としてベンチャーキャピタルは、中小企業に出資を行い、その株式が上場することによる売却益、もしくは企業価値が向上し値上がりした株式を他者に高く売却することによる売却益で利益を得ることを行っています。

ベンチャーキャピタルは、出資する企業を厳選します。出資するかどうか審査する期間は長いです。創業当初は赤字続きで銀行からも融資は受けられないが将来は成長して上場も視野に入れる、そのような企業が資金を集めたいというようなケースではベンチャーキャピタルはよいです。ただ、銀行から融資を受けられないからと会社立て直しのための資金を確保するために考える資金調達手段としては、ベンチャーキャピタルは合いません。

ベンチャーキャピタルは、その方針によって、創業間もない会社を中心に投資を行うベンチャーキャピタルもあれば、事業がある程度、軌道に乗った会社に投資をするベンチャーキャピタルもあります。

ベンチャーキャピタルと知り合う方法について。ベンチャーキャピタルは、スタートアップ企業（新しいビジネスで急成長している、もしくは急成長することが期待できる企業）向けの交流会に参加していることが多く、そのような場で名刺交換し、後日アプローチすることができます。

また、ベンチャーキャピタルからすでに投資を受けている企業の経営者から紹介してもらう方法もよいです。ベンチャーキャピタル同士で情報交換していることが多く、１社ベンチャーキャピタルと知り合ったら、そこから別のベンチャーキャピタルを紹介してもらうことも期待できます。

（2）事業会社・個人投資家による出資

事業会社も、出資候補の１つとなります。事業会社が出資をするのは、株式上場による利益や株式の他者への売却による利益に加え、その事業会社と出資先の会社の事業との相乗効果をねらう場合もあります。事業会社自体が出資を行う場合もあれば、事業会社が子会社でベンチャーキャピタルを設立して、その会社経由で出資することもあります。

また事業会社の経営者が個人で出資するなど、個人投資家も出資候補の１つとなります。

このような投資家を探すには、知人に紹介してもらう、経営者が多く集まる交流会で経営者の知り合いを増やしてその後、声をかける、投資をしてもらいたい企業に直接電話をかけてアプローチする、などの方法があります。

11-3 知人や親族からの資金調達

銀行や政府系金融機関から融資を受けられない会社でよく見るのは、知人・親族からの借入れです。私に相談に来る資金繰りが厳しい会社の８割は、知人からの借入れがあります。世の中、経営者が頼み込めばお金を貸してくれる人は多いものです。

知人からの借入れは、最後の砦です。銀行や政府系金融機関から資金調達できない、ノンバンクからの資金調達もやるだけやった、それでも資金が足りない場合の、最後の手段としたいです。

もし資金が回らず、多くの負債を抱えて会社と経営者個人が破産した場合、その時に知人や親族が頼りになります。経営者が再起を図る時に、知人や親族を頼りたいものです。

会社の資金繰りのために早いうちから知人からの借入れを行い、結局返済できないとなると、その知人に大きな迷惑をかけます。親族からの借入れであれば親戚付き合いがしづらくなります。そうなった後に破産しても、助けてもらいにくいです。

銀行や信用保証協会、政府系金融機関、ノンバンクは金融のプロですから、もし融資した会社が破産して返済されなくなっても、それは業務上のことでありやむをえないとなります。知人や親族であれば、それは個人のお金を貸す、助けるために貸すものであり、それが返ってこなくなった場合の知人・親族におけるダメージは相当なものです。

借りるほうとしては、借りたお金を返せなくなっただけのことですが、自分が貯めたお金を貸して返ってこなくなった、貸した側のダメージは大きいです。そう考えると、知人や親族からの資金調達は、最後にしたいものです。

ここで、知人や親族から資金を集めたい時の形として、借用書を使った方法と、少人数私募債を紹介します。少人数私募債は、知人を引受者とした社債です。銀行から融資を受けられている会社であれば、少人数私募債を使ってまで資金調達する必要はありません。

借入れとして頼むより、少人数私募債として頼むほうが、形が明確なぶん、知人や親族は資金を出しやすいです。

（1）借用書を活用

知人や親族からお金を借りようにも、なかなか簡単にお金を貸してくれないかもしれません。その場合、次の２つの方法を使って、相手を説得することができます。

ⅰ 借用書を作り、返済の約束をする

ⅱ 会社をどうやって立て直していくかの計画を書面で見せる

ⅰ 借用書を作り、返済の約束をする

お金を貸してほしい、と言われたほうの心境を考えてみます。一番に考えることは、「貸したお金は本当に返ってくるのか」です。

相手の不安を完全に取り除くことは難しいでしょうが、少しでもその不安を取り除くために、借用書を作って相手に差し入れ、またどのように返済するか、その借用書に記載して約束します（次ページ図）。

相手が安心できるように、例えば、500万円を借りようとするなら、毎月10万円ずつ月末に返す、というように約束し、それを借用書に記載します。そうすることにより、相手の不安はだいぶ取り除かれ、お金を貸してくれやすくなるでしょう。

借用書（例）

融資金額　5,000,000円

上記金額を借用受領いたしました。

（返済方法）
　平成28年10月20日より、上記の金額に借入残高に対する利息を付し、元金均等払いにより、貴殿の指定する銀行口座に毎月振り込んでお支払いいたします。

毎月の支払い元本額　100,000円
利息　年利　5%
支払回数　50回
返済期限　平成32年12月20日

平成28年10月20日

借主　<住所>
　　　<氏名>　印
貸主　<住所>
　　　<氏名>　印

ii 会社をどうやって立て直していくのかの計画を書面で見せる

相手は、何よりも貸したお金が本当に返ってくるのか、不安です。その不安を取り除くために、会社をどうやって立て直していくのか、経営計画を書面にして見せることです。口頭で伝えるのではありません。書面にします。口頭ではいくらでも「会社を立て直していく」ということは言えるでしょうが、書面にして計画を話せる経営者は、なかなかいないでしょう。会社が立ち直っていき、お金を返すことができることを経営計画で相手に見せ、説得します。

(2) 少人数私募債

少人数私募債は、親族、経営者の知人、従業員、取引先など、縁故者を中心に社債を引き受けてもらうものです。少人数私募債は、経営基盤が弱い企業でも発行できるものであり、身近な資金調達手段の1つです。少人数私募債の発行要件は次の通りです。

・50名未満の人に対して勧誘……
したがって社債権者は49名以下となる。50名以上の人に社債を引き受けてもらうだけではなく、勧誘をしてもいけない

・社債総額を社債の最低金額で割った値が50未満であること……
例えば、社債の最低金額が50万円であった場合、社債権者を49名以下にしても社債総額を2,500万円以上にしてはいけない

・49名以下の範囲で勧誘すると、はじめに決めた社債募集総額に、実際の応募額が届かない事態となる可能性もある。その場合、実際の応募額で社債発行総額が決定される

・担保・保証人は、絶対に必要というわけではない
・社債管理会社を設置する必要はない

また少人数私募債では、最終期限に一括償還するケースが多いです。期間は、資金使途・発行会社の償還能力にもよりますが、設備資金で3～5年、運転資金で2～3年が一般的になっています。

金利は、銀行の融資金利より低い水準、銀行の預金金利より高い水

準で決めるのが、社債を購入する人、発行会社双方にとってメリットのある水準ですが、信用力の低い会社の場合、金利は高めにしなければ応募が集まらないこともあります。

少人数私募債のメリットは次の通りです。

・満期一括償還であれば返済資金を気にしなくてよく、また固定金利であり、資金計画を立てやすい
・融資審査が不要……銀行から資金調達する場合、銀行からの厳しい融資審査が必要だが、少人数私募債ではそのような審査はない
・従業員のモラルアップにつながる……従業員が社債を引き受けた場合には、従業員の会社経営への参画意識を高めることができ、モラルアップにつながる。また社債募集の際に経営計画の説明や経営情報の開示を行うため、従業員に会社の経営内容や方針を理解させる絶好の機会ともなり、従業員は会社のために協力しやすくなる

少人数私募債は銀行による審査がないとはいえ、縁故者に社債を引き受けてもらわなければなりません。

社債応募者がいなければ資金は集まりません。銀行の審査がないとはいえ、縁故者が社債を購入したくなるように仕向けなければなりません。そのため発行会社は、縁故者が社債を購入したくなるための資料を作成する必要があります。それが経営計画書です。

経営計画書には次の項目を織り込むとよいです。

経営計画書の構成

・会社概要
・経営理念
・事業の概要・自社の強み

・市場の特徴・市場をどう攻略するか
・最近３年間の業績推移
・今後の経営計画・業績予想
・社債発行の趣旨
・資金使途と調達方法
・社債により集めた資金投入の効果
・社債償還能力

少人数私募債は縁故者を中心に募集するのですから、経営者自らが勧誘をしたほうが、縁故者へ意気込みが伝わることでしょう。

経営計画書も、経営者自らが陣頭指揮をとって作成すると、迫力のあるものができることでしょう。

なお社債を購入する人は、自分のなけなしのお金を支出するのですから、社債を発行する会社の内容を少しでも詳しく知りたいことでしょう。できるだけ詳しい経営計画書、特に決算書の数値は隠すことなく、情報公開してください。多少悪い数字であっても、今後の経営にかける意気込みを伝えればよいのではないでしょうか。

なお、少人数私募債で資金調達している企業をマイナス評価する銀行もあります。銀行から借りることができないから少人数私募債で調達しているのではないか、と。

私募債の償還期限が来たらその返済の元手はどうするのか。それが懸念点となるようです。全ての銀行からマイナス評価されるわけではありませんが、少人数私募債で資金調達するデメリットの１つです。

11-4 詐欺に気をつける

資金調達を目指したばっかりに、逆に詐欺に遭って多額のお金をだましとられる経営者が後を絶ちません。

本章の最後に注意を促します。

融資詐欺の事例です。下記のようなFAXが会社に送られてきます。融資が可能であるとの内容です。

> 中小企業サポートローン　与信結果報告
>
> 株式会社○○総合保証
>
> 年末に向けて当社の新商品「中小企業サポートローン」の受付開始を報告させていただきます。厳選なる審査の与信結果、優良企業様に向けて下記の内容でのご融資が可能になりました。期間・数量に限りのある商品でございますので、ぜひご検討いただきますようお願い申し上げます。
>
> 【与信結果詳細】
> 融資金額：2,000万円　利息：年1.5%　返済期間：10年　担保：不要
> 保証人：代表者　保証料：不要
>
> 【申込み方法】
> 下記、必要事項をご記入の上、ＦＡＸでご返信ください

これは、資金繰りが厳しい会社に対しての、実際にあった詐欺のFAXです。このFAXを受け取った経営者は喜び、FAXを返信するとどうなるか。

電話がかかってきて、

「融資実行までの手続きを進めます。まずは貴社の信用状況を見るために、100万円をまずは○○銀行○○支店　普通預金　口座番号○○○○○○○まで振り込んでください」

と指示があります。そして実際に100万円振り込みすると、

「こちらの審査は通りました。次に、保証会社による手続きです。保証会社が貴社の信用状況を見るために、100万円を○○○に振り込んでください」

と指示があります。そして100万円追加で振り込んでも、また違う名目で、支払いを要求してきます。いつまで経っても2,000万円の融資は受けられません。詐欺にあった経営者がやっとおかしいと思い、ＦＡＸに書いてある住所のところに行っても、全く別の会社が入っていたり、もしくはその住所地自体が存在しなかったりすることもあります。振込先に指定された預金口座は、詐欺集団が誰かから買って手に入れたものであり、その詐欺集団の足取りは全くつかめません。

あなたはこのような詐欺に絶対に引っ掛からないと思うかもしれません。しかし、引っ掛かってしまう経営者はたくさんいます。

私に相談に来る経営者で「このようなＦＡＸが来たんだけど、信頼してよいのでしょうか？」という質問はよく来ます。

すぐに詐欺のFAXとは気づかないようです。それだけ詐欺が蔓延していますし、詐欺に引っ掛かってしまう経営者は多くいます。資金繰りが厳しい経営者ですと、わらにもすがる思いでこのような話に乗っかってしまう人がいます。

私が今まで見た中で、最も多い金額で、1,500万円もだましとられた経営者がいました。

詐欺は、他に、資金調達において多額の着手金を要求するケースもあります。

「融資を受けたいのであれば自分のネットワークで金融機関に融資を出させるから、審査書類作成のための活動費として着手金で100万円ほしい」

というように、融資を受けられることを思わせて逆に着手金の名目で多額の金銭を詐取するケースです。

資金調達を行おうと、逆に多額のお金をだましとられれば、目も当てられません。気をつけてください。

別表1【月次資金繰り表】

	28年8月 実績	28年9月 実績	28年10月 実績	28年11月 実績	28年12月 予定	
月初現金残高	**14,445**	**10,787**	**18,297**	**60,845**	**63,589**	
現金売上	2,612	1,728	2,171	2,216	1,500	
売掛金回収	30,775	36,736	30,955	35,100	35,100	
手形取立・割引	2,384	8,272	2,842	4,821	4,000	
その他収入	231	112	91	291	100	
経常収入	**36,002**	**46,848**	**36,059**	**42,428**	**40,700**	
現金仕入	391	511	892	438	500	
買掛金支払	29,742	27,314	27,428	28,628	27,428	
手形決済	2,940	4,550	4,211	4,592	5,000	
人件費支払	1,215	1,265	1,265	1,265	1,265	
その他支払	2,092	2,087	2,087	2,087	2,087	
支払利息	119	90	147	193	193	
経常支出	**36,499**	**35,817**	**36,030**	**37,203**	**36,473**	
経常収支	**-497**	**11,031**	**29**	**5,225**	**4,227**	
設備売却	0	0	0	0	0	
設備収入	**0**	**0**	**0**	**0**	**0**	
設備購入	0	0	0	0	0	
設備支出	**0**	**0**	**0**	**0**	**0**	
設備収支	**0**	**0**	**0**	**0**	**0**	
借入実行（銀行）	0	0	48,000	0	0	
借入実行（その他）	0	0	0	3,000	0	
固定預金払出	360	0	0	0	0	
財務収入	**360**	**0**	**48,000**	**3,000**	**0**	
借入返済（銀行）	3,521	3,521	5,481	5,481	5,481	
借入返済（その他）	0	0	0	0	0	
固定預金預入	0	0	0	0	0	
財務支出	**3,521**	**3,521**	**5,481**	**5,481**	**5,481**	
財務収支	**-3,161**	**-3,521**	**42,519**	**-2,481**	**-5,481**	
収支過不足	**-3,658**	**7,510**	**42,548**	**2,744**	**-1,254**	
月末現金残高	10,787	18,297	60,845	63,589	62,335	

（単位：千円）

	29年1月 予定	29年2月 予定	29年3月 予定	29年4月 予定	29年5月 予定	29年6月 予定	29年7月 予定
	62,335	**51,081**	**52,127**	**34,373**	**52,208**	**54,843**	**62,678**
	1,500	1,500	1,500	1,500	1,500	1,500	1,500
	35,100	35,100	36,900	39,900	44,900	44,900	44,900
	4,000	4,000	4,000	4,000	4,000	4,000	4,000
	100	100	100	100	100	100	100
	40,700	**40,700**	**42,500**	**45,500**	**50,500**	**50,500**	**50,500**
	500	500	500	500	500	500	500
	32,428	27,628	32,728	32,428	32,628	32,428	32,428
	5,000	5,000	5,000	5,000	5,000	5,000	5,000
	1,265	1,265	1,265	1,265	1,265	1,265	1,265
	2,087	2,087	2,087	2,087	2,087	2,087	2,087
	193	193	193	193	193	193	193
	41,473	**36,673**	**41,773**	**41,473**	**41,673**	**41,473**	**41,473**
	-773	**4,027**	**727**	**4,027**	**8,827**	**9,027**	**9,027**
	0	2,500	0	0	0	5,000	0
	0	**2,500**	**0**	**0**	**0**	**5,000**	**0**
	0	0	13,000	0	0	0	0
	0	**0**	**13,000**	**0**	**0**	**0**	**0**
	0	**2,500**	**-13,000**	**0**	**0**	**5,000**	**0**
	0	0	0	20,000	0	0	0
	0	0	0	0	0	0	0
	0	0	0	0	0	0	0
	0	**0**	**0**	**20,000**	**0**	**0**	**0**
	5,481	5,481	5,481	6,192	6,192	6,192	6,192
	5,000	0	0	0	0	0	0
	0	0	0	0	0	0	0
	10,481	**5,481**	**5,481**	**6,192**	**6,192**	**6,192**	**6,192**
	-10,481	**-5,481**	**-5,481**	**13,808**	**-6,192**	**-6,192**	**-6,192**
	-11,254	**1,046**	**-17,754**	**17,835**	**2,635**	**7,835**	**2,835**
	51,081	**52,127**	**34,373**	**52,208**	**54,843**	**62,678**	**65,513**

巻末

別表

別表２【日次資金繰り表】

日付		相手	摘要	支払	入金	残高	
前月繰越						866,577	
12	1	A	外注費	660,000	0	206,577	
		B	売掛金回収	0	1,218,249	1,424,826	
		C	リース費	97,200	0	1,327,626	
12	2	D	パソコン購入	117,450	0	1,210,176	
		E	コピーチャージ	2,160	0	1,208,016	
		F	材料費	39,200	0	1,168,816	
		G	会費	21,000	0	1,147,816	
		H	材料費	287,128	0	860,688	
		I	会費	20,000	0	840,688	
		J	外注費	350,000	0	490,688	
		K	外注費	140,000	0	350,688	
12	3	L	リース料	200,000	0	150,688	
		M	リース料	50,000	0	100,688	
		N	売掛金回収	0	242,240	342,928	
		O	売掛金回収	0	1,512,000	1,854,928	
		P	外注費	160,000	0	1,694,928	
		Q	給与	220,000	0	1,474,928	
		R	給与	350,000	0	1,124,928	

	支払内訳			入金内訳			残高内訳		
	A銀行	B信金	現金	A銀行	B信金	現金	A銀行	B信金	現金
							819,311	19,115	28,151
	660,000						159,311	19,115	28,151
				1,218,249			1,377,560	19,115	28,151
	97,200						1,280,360	19,115	28,151
	117,450						1,162,910	19,115	28,151
	2,160						1,160,750	19,115	28,151
	39,200						1,121,550	19,115	28,151
			21,000				1,121,550	19,115	7,151
	287,128						834,422	19,115	7,151
	20,000						814,422	19,115	7,151
	350,000						464,422	19,115	7,151
	140,000						324,422	19,115	7,151
	200,000						124,422	19,115	7,151
	50,000						74,422	19,115	7,151
				242,240			316,662	19,115	7,151
					1,512,000		316,662	1,531,115	7,151
	160,000						156,662	1,531,115	7,151
		220,000					156,662	1,311,115	7,151
		350,000					156,662	961,115	7,151

別表３【月次資金繰り表】

	28年8月 実績	28年9月 実績	28年10月 実績	28年11月 実績	28年12月 予定	
月初現金残高	**18,929**	**13,543**	**11,375**	**14,070**	**9,261**	
売掛金回収	25,854	23,961	31,086	24,039	19,977	
その他収入			32			
経常収入	**25,854**	**23,961**	**31,118**	**24,039**	**19,977**	
買掛金支払	18,091	13,169	15,243	16,090	14,371	
手形決済	7,810	9,085	7,109	7,875	7,560	
人件費支払	1,800	1,788	2,345	1,824	1,800	
その他支払	2,211	1,215	2,703	2,023	1,204	
支払利息	508	371	383	403	371	
経常支出	**30,420**	**25,628**	**27,783**	**28,215**	**25,306**	
経常収支	**-4,566**	**-1,667**	**3,335**	**-4,176**	**-5,329**	
借入実行						
財務収入	**0**	**0**	**0**	**0**	**0**	
借入返済	820	501	640	633	649	
財務支出	**820**	**501**	**640**	**633**	**649**	
財務収支	**-820**	**-501**	**-640**	**-633**	**-649**	
収支過不足	**-5,386**	**-2,168**	**2,695**	**-4,809**	**-5,978**	
月末現金残高	**13,543**	**11,375**	**14,070**	**9,261**	**3,283**	

（単位：千円）

	29年1月 予定	29年2月 予定	29年3月 予定	29年4月 予定	29年5月 予定	29年6月 予定	29年7月 予定
	3,283	6,911	3,747	10,122	6,869	4,911	15,453
	26,895	20,000	22,000	20,000	20,000	22,000	25,000
	26,895	20,000	22,000	20,000	20,000	22,000	25,000
	11,678	11,500	13,500	12,000	10,500	10,000	10,500
	6,783	6,846	6,542	6,295	6,500	6,500	7,000
	1,788	1,800	2,345	1,800	1,800	1,800	1,800
	2,000	2,000	2,000	2,000	2,000	2,000	2,000
	380	380	500	420	420	420	420
	22,629	22,526	24,887	22,515	21,220	20,720	21,720
	4,266	-2,526	-2,887	-2,515	-1,220	1,280	3,280
			10,000			10,000	
	0	0	10,000	0	0	10,000	0
	638	638	738	738	738	738	738
	638	638	738	738	738	738	738
	-638	-638	9,262	-738	-738	9,262	-738
	3,628	-3,164	6,375	-3,253	-1,958	10,542	2,542
	6,911	3,747	10,122	6,869	4,911	15,453	17,995

別表４【年次損益計画】

勘定科目	28年12月期 実績	29年12月期 1年目 計画	30年12月期 2年目 計画	31年12月期 3年目 計画	32年12月期 4年目 計画
［売上高］					
売上高	445,534,810	360,000,000	360,000,000	360,000,000	360,000,000
［売上原価］					
材料費	14,624,183	10,800,000	10,800,000	10,800,000	10,800,000
外注加工費	219,454,668	205,200,000	205,200,000	205,200,000	205,200,000
売上原価	234,078,851	216,000,000	216,000,000	216,000,000	216,000,000
売上総損益金額	211,455,959	144,000,000	144,000,000	144,000,000	144,000,000
［販売管理費］					
役員報酬	13,890,000	4,800,000	4,800,000	4,800,000	4,800,000
給料手当	131,350,041	81,000,000	81,000,000	81,000,000	81,000,000
法定福利費	19,292,867	11,500,000	11,500,000	11,500,000	11,500,000
福利厚生費	4,419,122	2,850,000	2,850,000	2,850,000	2,850,000
業務委託費	3,338,822	2,500,000	2,500,000	2,500,000	2,500,000
広告宣伝費	1,146,051	2,400,000	2,400,000	2,400,000	2,400,000
接待交際費	1,296,862	1,200,000	1,200,000	1,200,000	1,200,000
旅費交通費	1,022,234	1,200,000	1,200,000	1,200,000	1,200,000
通信費	1,752,278	1,800,000	1,800,000	1,800,000	1,800,000
消耗品費	1,305,141	900,000	900,000	900,000	900,000
事務用品費	1,368,912	1,200,000	1,200,000	1,200,000	1,200,000
修繕費	1,187,164	1,200,000	1,200,000	1,200,000	1,200,000
水道光熱費	1,471,275	1,200,000	1,200,000	1,200,000	1,200,000
支払手数料	817,319	300,000	300,000	300,000	300,000
車両費	4,752,757	3,000,000	3,000,000	3,000,000	3,000,000
地代家賃	6,500,268	5,550,000	5,550,000	5,550,000	5,550,000
リース料	625,001	900,000	900,000	900,000	900,000
保険料	1,874,511	1,800,000	1,800,000	1,800,000	1,800,000
租税公課	583,495	600,000	600,000	600,000	600,000
支払報酬料	2,179,874	2,400,000	2,400,000	2,400,000	2,400,000
減価償却費	3,192,268	1,800,000	1,800,000	1,800,000	1,800,000
雑費	48,841	120,000	120,000	120,000	120,000
販売管理費計	203,415,097	130,220,000	130,220,000	130,220,000	130,220,000
営業損益金額	8,040,862	13,780,000	13,780,000	13,780,000	13,780,000
［営業外収益］					
受取利息	4,085	0	0	0	0
雑収入	754,160	2,400,000	2,400,000	2,400,000	2,400,000
営業外収益合計	758,245	2,400,000	2,400,000	2,400,000	2,400,000
［営業外費用］					
支払利息	2,115,423	1,800,000	1,800,000	1,800,000	1,800,000
雑損失	80,000	0	0	0	0
営業外費用合計	2,195,423	1,800,000	1,800,000	1,800,000	1,800,000
経常損益金額	6,603,684	14,380,000	14,380,000	14,380,000	14,380,000
［特別利益］					
特別利益合計	1,574,125	0	0	0	0
［特別損失］					
特別損失合計	108,669	0	0	0	0
［当期純損益］					
税引前当期純損益金額	8,069,140	14,380,000	14,380,000	14,380,000	14,380,000
法人税等	2,824,199	5,033,000	5,033,000	5,033,000	5,033,000
当期純損益金額	5,244,941	9,347,000	9,347,000	9,347,000	9,347,000

	33年12月期 5年目 計画	34年12月期 6年目 計画	35年12月期 7年目 計画	36年12月期 8年目 計画	37年12月期 9年目 計画	38年12月期 10年目 計画
	360,000,000	**360,000,000**	**360,000,000**	**360,000,000**	**360,000,000**	**360,000,000**
	10,800,000	10,800,000	10,800,000	10,800,000	10,800,000	10,800,000
	205,200,000	205,200,000	205,200,000	205,200,000	205,200,000	205,200,000
	216,000,000	**216,000,000**	**216,000,000**	**216,000,000**	**216,000,000**	**216,000,000**
	144,000,000	**144,000,000**	**144,000,000**	**144,000,000**	**144,000,000**	**144,000,000**
	4,800,000	4,800,000	4,800,000	4,800,000	4,800,000	4,800,000
	81,000,000	81,000,000	81,000,000	81,000,000	81,000,000	81,000,000
	11,500,000	11,500,000	11,500,000	11,500,000	11,500,000	11,500,000
	2,850,000	2,850,000	2,850,000	2,850,000	2,850,000	2,850,000
	2,500,000	2,500,000	2,500,000	2,500,000	2,500,000	2,500,000
	2,400,000	2,400,000	2,400,000	2,400,000	2,400,000	2,400,000
	1,200,000	1,200,000	1,200,000	1,200,000	1,200,000	1,200,000
	1,200,000	1,200,000	1,200,000	1,200,000	1,200,000	1,200,000
	1,800,000	1,800,000	1,800,000	1,800,000	1,800,000	1,800,000
	900,000	900,000	900,000	900,000	900,000	900,000
	1,200,000	1,200,000	1,200,000	1,200,000	1,200,000	1,200,000
	1,200,000	1,200,000	1,200,000	1,200,000	1,200,000	1,200,000
	1,200,000	1,200,000	1,200,000	1,200,000	1,200,000	1,200,000
	300,000	300,000	300,000	300,000	300,000	300,000
	3,000,000	3,000,000	3,000,000	3,000,000	3,000,000	3,000,000
	5,550,000	5,550,000	5,550,000	5,550,000	5,550,000	5,550,000
	900,000	900,000	900,000	900,000	900,000	900,000
	1,800,000	1,800,000	1,800,000	1,800,000	1,800,000	1,800,000
	600,000	600,000	600,000	600,000	600,000	600,000
	2,400,000	2,400,000	2,400,000	2,400,000	2,400,000	2,400,000
	1,800,000	1,800,000	1,800,000	1,800,000	1,800,000	1,800,000
	120,000	120,000	120,000	120,000	120,000	120,000
	130,220,000	130,220,000	130,220,000	130,220,000	130,220,000	130,220,000
	13,780,000	**13,780,000**	**13,780,000**	**13,780,000**	**13,780,000**	**13,780,000**
	0	0	0	0	0	0
	2,400,000	2,400,000	2,400,000	2,400,000	2,400,000	2,400,000
	2,400,000	2,400,000	2,400,000	2,400,000	2,400,000	2,400,000
	1,800,000	1,800,000	1,800,000	1,800,000	1,800,000	1,800,000
	0	0	0	0	0	0
	1,800,000	**1,800,000**	**1,800,000**	**1,800,000**	**1,800,000**	**1,800,000**
	14,380,000	**14,380,000**	**14,380,000**	**14,380,000**	**14,380,000**	**14,380,000**
	0	0	0	0	0	0
	0	0	0	0	0	0
	14,380,000	**14,380,000**	**14,380,000**	**14,380,000**	**14,380,000**	**14,380,000**
	5,033,000	5,033,000	5,033,000	5,033,000	5,033,000	5,033,000
	9,347,000	**9,347,000**	**9,347,000**	**9,347,000**	**9,347,000**	**9,347,000**

別表５【月次損益計画】

勘定科目	29年1月	29年2月	29年3月	29年4月	29年5月
［売上高］					
売上高	30,000,000	30,000,000	30,000,000	30,000,000	30,000,000
［売上原価］					
材料費	900,000	900,000	900,000	900,000	900,000
外注加工費	17,100,000	17,100,000	17,100,000	17,100,000	17,100,000
売上原価	18,000,000	18,000,000	18,000,000	18,000,000	18,000,000
売上総損益金額	12,000,000	12,000,000	12,000,000	12,000,000	12,000,000
［販売管理費］					
役員報酬	500,000	500,000	500,000	500,000	500,000
給料手当	6,750,000	6,750,000	6,750,000	6,750,000	6,750,000
法定福利費	950,000	950,000	950,000	950,000	950,000
福利厚生費	100,000	250,000	250,000	250,000	250,000
業務委託費	200,000	200,000	200,000	200,000	200,000
広告宣伝費	200,000	200,000	200,000	200,000	200,000
接待交際費	100,000	100,000	100,000	100,000	100,000
旅費交通費	100,000	100,000	100,000	100,000	100,000
通信費	150,000	150,000	150,000	150,000	150,000
消耗品費	75,000	75,000	75,000	75,000	75,000
事務用品費	100,000	100,000	100,000	100,000	100,000
修繕費	100,000	100,000	100,000	100,000	100,000
水道光熱費	100,000	100,000	100,000	100,000	100,000
支払手数料	25,000	25,000	25,000	25,000	25,000
車両費	250,000	250,000	250,000	250,000	250,000
地代家賃	600,000	450,000	450,000	450,000	450,000
リース料	75,000	75,000	75,000	75,000	75,000
保険料	150,000	150,000	150,000	150,000	150,000
租税公課	50,000	50,000	50,000	50,000	50,000
支払報酬料	200,000	200,000	200,000	200,000	200,000
減価償却費	150,000	150,000	150,000	150,000	150,000
雑費	10,000	10,000	10,000	10,000	10,000
販売管理費計	10,935,000	10,935,000	10,935,000	10,935,000	10,935,000
営業損益金額	1,065,000	1,065,000	1,065,000	1,065,000	1,065,000
［営業外収益］					
受取利息	0	0	0	0	0
雑収入	200,000	200,000	200,000	200,000	200,000
営業外収益合計	200,000	200,000	200,000	200,000	200,000
［営業外費用］					
支払利息	150,000	150,000	150,000	150,000	150,000
雑損失	0	0	0	0	0
営業外費用合計	150,000	150,000	150,000	150,000	150,000
経常損益金額	1,115,000	1,115,000	1,115,000	1,115,000	1,115,000
［特別利益］					
特別利益合計	0	0	0	0	0
［特別損失］					
特別損失合計	0	0	0	0	0
［当期純損益］					
税引前当期純損益金額	1,115,000	1,115,000	1,115,000	1,115,000	1,115,000

	29年6月	29年7月	29年8月	29年9月	29年10月	29年11月	29年12月
	30,000,000	**30,000,000**	**30,000,000**	**30,000,000**	**30,000,000**	**30,000,000**	**30,000,000**
	900,000	900,000	900,000	900,000	900,000	900,000	900,000
	17,100,000	17,100,000	17,100,000	17,100,000	17,100,000	17,100,000	17,100,000
	18,000,000	**18,000,000**	**18,000,000**	**18,000,000**	**18,000,000**	**18,000,000**	**18,000,000**
	12,000,000	**12,000,000**	**12,000,000**	**12,000,000**	**12,000,000**	**12,000,000**	**12,000,000**
	500,000	500,000	500,000	500,000	500,000	500,000	500,000
	6,750,000	6,750,000	6,750,000	6,750,000	6,750,000	6,750,000	6,750,000
	950,000	950,000	950,000	950,000	950,000	950,000	950,000
	250,000	250,000	250,000	250,000	250,000	250,000	250,000
	200,000	200,000	200,000	200,000	200,000	200,000	200,000
	200,000	200,000	200,000	200,000	200,000	200,000	200,000
	100,000	100,000	100,000	100,000	100,000	100,000	100,000
	100,000	100,000	100,000	100,000	100,000	100,000	100,000
	150,000	150,000	150,000	150,000	150,000	150,000	150,000
	75,000	75,000	75,000	75,000	75,000	75,000	75,000
	100,000	100,000	100,000	100,000	100,000	100,000	100,000
	100,000	100,000	100,000	100,000	100,000	100,000	100,000
	100,000	100,000	100,000	100,000	100,000	100,000	100,000
	25,000	25,000	25,000	25,000	25,000	25,000	25,000
	250,000	250,000	250,000	250,000	250,000	250,000	250,000
	450,000	450,000	450,000	450,000	450,000	450,000	450,000
	75,000	75,000	75,000	75,000	75,000	75,000	75,000
	150,000	150,000	150,000	150,000	150,000	150,000	150,000
	50,000	50,000	50,000	50,000	50,000	50,000	50,000
	200,000	200,000	200,000	200,000	200,000	200,000	200,000
	150,000	150,000	150,000	150,000	150,000	150,000	150,000
	10,000	10,000	10,000	10,000	10,000	10,000	10,000
	10,935,000	**10,935,000**	**10,935,000**	**10,935,000**	**10,935,000**	**10,935,000**	**10,935,000**
	1,065,000	**1,065,000**	**1,065,000**	**1,065,000**	**1,065,000**	**1,065,000**	**1,065,000**
	0	0	0	0	0	0	0
	200,000	200,000	200,000	200,000	200,000	200,000	200,000
	200,000	**200,000**	**200,000**	**200,000**	**200,000**	**200,000**	**200,000**
	150,000	150,000	150,000	150,000	150,000	150,000	150,000
	0	0	0	0	0	0	0
	150,000	**150,000**	**150,000**	**150,000**	**150,000**	**150,000**	**150,000**
	1,115,000	**1,115,000**	**1,115,000**	**1,115,000**	**1,115,000**	**1,115,000**	**1,115,000**
	0	0	0	0	0	0	0
	0	0	0	0	0	0	0
	1,115,000	**1,115,000**	**1,115,000**	**1,115,000**	**1,115,000**	**1,115,000**	**1,115,000**

別表6【経営のアクションプラン】

項目	説明	実施事項
【施策1】外注比率の低減による利益確保	外注費率42.0%達成(28年12月期外注費率55.1%→29年12月期外注比率42.0%)のために実行予算の精度向上、現場ごと損益計算書を作り、毎月振り返りを行う。工期圧縮等、現場管理の工夫を向上させる。追加工事の場合確実に売上をとる	現場ごと実行予算書と毎月の振り返り
		新規受注時、予算書作成
		現場管理の工夫による外注費削減
		追加工事の請求
【施策2】現金使用の管理体制構築による経費意識の徹底	現金出納帳(金庫)・仮払金制度を導入する。社員に支出予定を出させ仮払金を出し、仮払金元帳に記入して清算する。社長も同様。社長の私費は会社の現金から出さない。クレジットカード使用はＥＴＣとガソリン代のみとする	現金出納帳制度の活用
		仮払金制度の活用
		社長私費は会社現金から出さない
		クレジットカードはETCのみ
【施策3】銀行借入の実現と資金繰り管理	28年12月期決算により銀行借入を実現する。借入金35百万円は少ない水準、28年12月期売上257百万円から見て借入金総額60百万円を目指したい。それにより手元のキャッシュを増加させ資金繰りをまわしやすくする。また日繰り資金繰り、月次資金繰り表を作成し、場当たり的な資金繰りでなく資金繰り計画に乗っ取った資金繰りを行う	銀行借入実現
		日繰り資金繰り表・月次資金繰り表による資金繰り管理
【施策4】毎月の試算表作成と予算実績管理	毎月の試算表を翌月作成し予算実績管理を行う。銀行に定期的に報告し、信用の向上に努める	試算表の作成
		予算実績の振り返り
		銀行への報告

あとがき

私のところに資金調達に相談にくる企業の背景は、次の通りです。

A　1ヵ月以内のある日に資金が不足するから資金調達したい……90%
B　1ヵ月を超えるある日に資金が不足するから資金調達したい……5%
C　会社を大きくしたい、新事業に投資したい、そのために資金調達したい……5%

9割の会社は、1ヵ月以内のある日に資金が不足する、つまりその支払日に支払う買掛金や給与、税金などがこのままでは支払えないから、資金調達したいというパターンです。

Cは前向きの資金調達、Bは資金繰り状況を数ヵ月後までわかって早めに動く計画的な資金調達だとすると、Aは行き当たりばったりの資金調達と言えます。

そのような会社は資金繰り計画を数ヵ月先まで立てているのではないため、資金繰りのやり方としては良くないです。しかし実態はこのように、多くの会社が、1ヵ月以内に資金が不足する状態になってはじめて資金調達しようとします。

資金調達は、それを行おうと思って2、3日後までにできるものではありません。2、3日後までに調達しようと思ったら、知人や親族に頼み込んでお金を借りるぐらいしかありません。

そして資金不足となる時までに資金調達できないと、支払いを行うことができず、買掛先や従業員などに、待ってもらうことになります。特に給与であれば、給与が支給日に支給されないことになれば、従業員は会社の資金繰りが大丈夫なのか不安となり、会社崩壊への第一歩にもなりかねません。

そのため、資金繰り表により数ヵ月後までの資金繰りを常に把握しておくこと、そして将来、資金が不足する日があったら、早めに資金調達に動くことが、とても大事になります。

資金調達は、必要な時に備え、早めに動くほど、とれる選択肢は多くなります。そのために、資金繰り表による資金繰り管理が行えるようになっておきたいものです。

また資金調達がなぜ必要になるのか、よくあるのが、損益が赤字だから、赤字を埋めなければならない、というケースです。例えば月の売上高が1,000万円、売上原価と経費で1,200万円、毎月これであれば、毎月赤字が200万円となり、毎月200万円ずつ、資金が不足します。このような場合、資金調達してもすぐに資金は不足します。資金調達を行うとともに、早急に黒字化しなければなりません。ただ赤字の会社の多くは、毎月の損益もわかっておらず、自分の会社が赤字なのかどうかもわからず、ただ現金がなくなったから資金調達したいと動くだけです。

そのような会社は毎月、仕訳入力を行い、翌月には前月の損益がわかるようにしなければなりません。そして黒字化策を早急に立てて動いていかなければなりません。

赤字が続く会社は、資金調達しても返す元手がなく、返せなくなるものです。出資や資産売却の方法での資金調達でなければ、借りたお金は必ず返さなければならないですが、貸し手に返済できなければ、貸し手に迷惑をかけてしまうことになります。

金融機関であればプロですのである程度、貸倒れは見込んでいるものですが、貸し手が知人や親族であれば、多大なる迷惑をかけてしまいます。借りた方としては借りたお金が返せないだけの話ですが、貸した方にとっては自分のお金、自分の貯金を貸して返ってこないということで、喪失感はかなりのものです。この上なく迷惑です。

赤字を出し続けている会社は、赤字を止めないかぎり、資金調達を続けてもそれが返せなくなり被害者を拡大させるだけです。

そのため、自分の会社を黒字化すること、業績を良くすること、そして貸し手に必ず、借りた金は返すことが大事です。それは当たり前のことですが、事業を黒字にしなければ借りたお金は絶対に返せないので、とにかく業績を、経営者は良くしてほしいです。

資金調達はあくまで資金繰りを良くするための手段でしかありません。会社の業績を良くし、将来は貸し手に必ずお金を返すことを頭に入れた上、資金調達に動いてください。がんばってください。

著者略歴

川北 英貴（かわきた・ひでき）

株式会社グラティチュード・トゥーユー　代表取締役

昭和49年愛知県東海市生まれ

早稲田大学法学部卒業後、平成９年大垣共立銀行入行、３つの支店にて主に中小企業向け融資業務を手がける。銀行を退職後、平成16年、株式会社フィナンシャル・インスティチュートを設立。事業再生コンサルティング、資金繰りコンサルティングの専門会社として11年間、代表取締役を務め、創業６年目には年商７億円を超えた。

会社の成長により経営者としての仕事が忙しくなる中、これからはコンサルタントの道を究めていこうと思い、平成27年、幹部社員の１人に後を継いでもらい、１人コンサルタント会社として平成28年２月、株式会社グラティチュード・トゥーユー設立。全国の中小企業の資金繰り改善に飛びまわる一方、電話やメールで日々、資金繰りに悩む経営者の相談を受けている。

著書に、『銀行とのつきあい方 銀行がホイホイお金を貸したくなる社長になる方法!』『中小企業経営者のための 絶対にカネに困らない　資金繰り 完全バイブル』（以上、小社刊）、『絶対にカネ詰まりを起こさない! 資金繰りの教科書』（PHP研究所）、『絶対に会社をつぶさない! 社長のための 借金の返し方・追加融資の受け方』（日本実業出版社）など多数。

川北英貴の連絡先〈資金繰りの相談はこちらへ連絡ください〉
メールアドレス：kawakita@gratitude.co.jp
※こちらからの連絡は電話で行いますので、必ず電話番号を書いてください
携帯電話：080-7937-6621

中小企業経営者のための
絶対にカネに困らない
資金調達 完全バイブル

2016年 12月23日　第1刷発行

著　者　川北　英貴
発行者　八谷　智範
発行所　株式会社すばる舎リンケージ
〒170-0013　東京都豊島区東池袋3-9-7　東池袋織本ビル1階
TEL 03-6907-7827　FAX 03-6907-7877
http://www.subarusya-linkage.jp/
発売元　株式会社すばる舎
〒170-0013　東京都豊島区東池袋3-9-7　東池袋織本ビル
TEL 03-3981-8651（代表）
03-3981-0767（営業部直通）
振替 00140-7-116563
http://www.subarusya.jp/
印　刷　ベクトル印刷株式会社

落丁・乱丁本はお取り替えいたします。

ISBN978-4-7991-0569-6

大好評 発売中！
「会社経営ＮＥＯマニュアル」シリーズ

『中小企業経営者のための 絶対にカネに困らない 資金繰り 完全バイブル』

著者：川北英貴
ISBN：978-4-7991-0557-3
定価：2,800 円＋税

資金繰りが厳しい会社の経営者の、なんと９割が、経営計画を立てず、決算書を読めず、資金繰り管理を行っていない……!? 本書では、日次・月次の資金繰り表の作り方はもちろん、経営計画の立て方、売掛金回収の方法、融資の受け方、支払時期の調整などを、元銀行マン、現コンサルタントの著者がイチから教えます！
１つひとつ実践していけば、現金が味方になる！　未来永劫成長し続ける「強い会社」も夢じゃない！

『経営者のための ＩＰＯを考えたら読む本』

著者：手塚貞治
ISBN：978-4-7991-0368-5
定価：2,800 円＋税

『中小企業経営者のための 本気で使える 経営計画の立て方・見直し方』

著者：岡本吏郎
ISBN：978-4-7991-0393-7
定価：2,800 円＋税